壹嘉 · 読道书系

存

008

-为简体中文阅读留存一些有价值的文本-

出版壹嘉 × 読道社

联合出版

傅国涌

　　独立历史学者、儿童母语教育践行者，1999 年开始写作，主要研究近代以来中国的社会转型、百年中国言论史、知识分子命运史、教育史、企业史等，在《南方周末》《南方都市报》《新京报》《经济观察报》和《读书》《书屋》《东方》《随笔》《凤凰周刊》《社会科学论坛》等报刊发表过五百万以上的文字，曾在香港大学、香港中文大学、维也纳大学、日本专修大学、台湾中央研究院近代史研究所担任过访问学者或参加学术会议，2010 年入选《时代周报》"十个公共知识分子"之一。主要著作有《1949 年：中国知识分子的私人记录》《百年辛亥：亲历者的私人记录》《金庸传》《叶公超传》《百年寻梦》《追寻失去的传统》《笔底波澜：百年中国言论简史》《文人的底气》《大商人：影响近代中国的实业家们》《新学记：中国现代教育起源八讲》等三十多种，编有《林昭之死》《过去的中学》《过去的小学》《寻找语文之美》《鲁迅的声音》《追寻律师的传统》等十多种。

　　2017 年起致力于儿童母语教育实验，设计了"与世界对话"一百课。已出版《寻找中国之美：少年双城记》《寻找中国之美：少年西安行》《寻找中国之美：少年江南行》《寻找古诗之美》（三册）、《少年日知录》三册、《与世界对话》第一辑、第二辑等。

在東京
重造中國

傅国涌　著

出版壹嘉 × 読道社

壹嘉出版

1 Plus Books

https://1plusbooks.com

読道社

https://yomimichi.com/

作者：傅国涌

书名：在东京重造中国

2025 1 Plus Books® 壹嘉出版®

Paperback Edition

Published and Printed in the United States of America

ISBN: 978-1-966814-22-1

出版人：刘雁

定价：$22.99

San Francisco, USA , 2025

https://1plusbooks.com

email: 1plus@1plusbooks.com

目录

上野的櫻花

引言

　　1905 年 4 月 16 日，东京，上野公园的樱花满开，年轻的流亡者宋教仁目睹了人山人海的盛况。此时，也曾见过上野樱花的鲁迅已到仙台医专去了。

　　这一年，东京的中国留学生已达八千人。清帝国已进入倒计时，虽然当时还没有人意识到，但以创立民国为目标的同盟会即将在这里诞生。这个东亚最有活力的大都市，就像上野盛放的樱花般，牵动许多拖着辫子或刚刚剪掉辫子的年轻中国人，他们在这里呼吸到了四书五经以外的新思想，看到了日俄战争中取胜的举国狂欢，在心里已经厌弃那个暮气沉沉的老迈帝国。

　　就在上野看樱花的那天，宋教仁参加了追悼邹容的大会，有将近二百人出席。邹容也曾在东京留学，十八岁写下了激情澎湃、传诵极广的小册子《革命军》，公开呼唤革命，呼唤自由独立的"中华共和国"，死于上海租界的狱中时，不过二十岁。

　　隔着一百二十年的时光，上野的樱花又要开了。东京还是那个邹容、鲁迅、宋教仁他们熟悉的东京吗？当我从上野、神保町、早稻田走过，想起一百二十年前，他们的身影曾出现在这里的街头巷尾，他们呼吸过东京的空气。如今，他们就读过的学校、淘过书的书店有些还在，有些已消失在时间深处，但他们见到过的神社，他们逛过的公园无论是上野还是日比谷都还在。我在上野樱花烂漫的时节，想起的不仅是鲁迅的名句，还有宋教仁日记中的记录。

一百二十年了，上野的樱花依旧年年绽放、年年凋谢。在东京重造中国，是那个时代一部分中国人的梦想，从1895年主张革命的孙文第一次亡命日本，这一进程就开始了。三年后，康有为、梁启超在百日维新失败之后流亡日本，两条不同的道路之间有交叉、有分歧，重造一个什么样的中国？怎样重造？那时徘徊在东京街巷之间的年轻人，各自找到了不同的方向，不仅仅是政治上的，也有人选择了文学，有人选择了艺术，有人选择了新闻……汪精卫、章太炎他们在《民报》和梁启超在《新民丛报》发表的文章看似针锋相对，最终却也殊途同归。1912年诞生的中华民国是各种不同的政治和社会力量共同促成的。

他们主要是从国族的立场出发，追求并创造一种新的政体，还不清楚共和、民主、立宪并不是一种价值。对于个人自由和权利，对于法治，他们的理解都很有限，甚至没有放在重要位置。尽管时代给过他们重造中国的机会，但对于在中国这块古老的专制深厚的土地上建立新政体的艰难，他们的认识严重不足，清帝国的突然垮塌带给他们的惊喜迅速被错综复杂的矛盾和纷争替代。

东京给过他们重造中国的灵感。我想追寻的不是他们远去的背影，而是他们如樱花般烂漫的生命历程。我之所以选择了东京视角，就是想以空间视角来观照时间和人，我关心的是一个个具体的人，他们的心路轨迹。

在东京重造中国

一

1905年5月28日，东京街头，23岁的湖南流亡者宋教仁买到日本联合舰队与俄国远征舰队相遇的"号外"时，太平洋上，对马海峡的海战正在最后的激战中。第二天，他就在"号外"上读到了日本联合舰队司令长官东乡平八郎报告的胜利消息。这是日俄战争的最后一战，以俄军惨败告终。

东京为之沸腾，6月1日下午，市中心最早的现代公园日比谷公园人山人海，满园扬旗结彩，花火之声冲入云霄，宋教仁目睹了东京人为庆祝胜利举行的盛会。

日俄战争的结局让许许多多的亚洲人感到振奋，电报迅速把这一新闻传遍了整个世界。被大清朝廷通缉的要犯孙文在欧洲得到这一消息，为之雀跃。当他乘坐轮船前往日本途中，经过苏伊士运河，遇到一位阿拉伯人，看到他的脸孔，不无兴奋地问："你是不是日本人呀？"他说自己是中国人。阿拉伯人告诉他，看见许多俄军

宋教仁

从远东运回俄国，这个景况一定是俄国承认打了败仗。孙文感慨地说："阿拉伯人是大亚洲民族的一员，他的喜悦就证明这是亚洲人都可以共享的了。"

当这场战争还在中国东北的土地上进行时，东京的中国留学生也和日本人一样时刻关心着。22岁的汪兆铭（精卫）在法政大学念书，其时日本举国上下都处于战争的氛围中——

汪精卫

尤其是从岁暮到正月，日本的关心集中于旅顺的攻击，全国国民期待着还是今天陷落，还是明天陷落。街头巷尾，在谈论着乃木大将将于元旦攻陷旅顺，自天皇为始，全国国民在期待着，于是用了全力进攻旅顺。这种日本国民热烈的爱国心，深深的燃烧了年青的我的心曲。在学校里，即令正在上课，一听到窗外卖号外的铃声，教授便中止了讲解，叫买号外。[1]

到这一年中国在东京的留学生已达到八千人，他们几乎和汪兆铭一样，都在期待着日本的胜利。1903年到东京留学的四川人吴玉章说："日俄战争开始后，人们由于对沙俄的痛恨，还把同情寄予在日本方面，听见日本打了胜仗，大家都很高兴。"

这当中也包括了1904年东渡的秋瑾，她初来日本，每到一个停车

1　汪精卫《正月的回忆》，朱子峪编《汪季新先生诗文集》，香港槐风书社2020年，427页。

场，都有男女老幼，奏军乐、举国旗迎送上前线的士兵。"最可羡是那班小孩子，大的大，小的小，都站在路旁，举手的举手，喊万岁的喊万岁。"

梁启超漫步上野，曾看见满街的红白标帜相接，上面写着"欢迎某师团步兵某君，某队骑兵某君"，"送某步兵某君，某骑兵某君入营"……士兵入营出营，亲友宗族纷纷迎送，引以为荣。他还亲眼看到写着"祈战死"的标帜，为之感到震惊。这还在日俄战争爆发之前。

在仙台医学专门学校，24 岁的留学生周树人解剖过二十多具尸体，日俄战争改变了他的人生方向。对于日本的胜利，他没有欢欣鼓舞，而是始终保持着清醒。1904 年初春，他还在东京弘文学院，一些浙江籍同学认为日俄开战是中国革命的好时机，沈瓞民回国前夕赠诗给他："东亚风云起，吾曹效力时。"而他认为日本野心勃勃，又是近邻，对中国的弱点了如指掌，如果日本战胜俄国独霸东亚，事态很严重，中国将会遭大殃。对于留学生热烈声援日本的气氛，他感到不安和焦虑。对于同乡前辈蔡元培在上海办《俄事警闻》，表现出"袒日而抑俄"的倾向，他感到"太无远见"，托沈瓞民带信给蔡，提出自己的建议。

此前，东京留学生组织拒俄义勇军、军国民教育会，当时在弘文学院就读的黄兴等都加入了。正是东京留学生中的反俄情绪使他们盼望日本的胜利。

1905 年 9 月 5 日，日、俄在华盛顿郊外签订《朴茨茅斯和约》，意味着这场战争的结束。暑假过去，周树人已从东京回到仙台。在这场战争中，仅十万人口的小城仙台出兵 508 人，其中战死 105 人，还有更多的人伤病。仙台医专就有五个学生上了前线，其中三个与周树人同班。

仙台人为此感到骄傲，庆祝日俄战争胜利的氛围弥漫着这个小城，仙台医专也参加过凯旋欢迎仪式。远征东北的士兵陆续回国，两千多名俄军战俘在和约签订之后离开仙台回国，火车站总是人山人海。

周树人在仙台医专继续读二年级，有一天在细菌学教室看到一张幻灯片。在他不同的几篇文章中，细节上却有出入。最早是在1922年12月完成的《＜呐喊＞自序》——

有一回，我竟在画片上忽然会见我久违的许多中国人了，一个绑在中间，许多站在左右，一样是强壮的体格，而显出麻木的神情。据解说，则绑着的是替俄国做了军事上的侦探，正要被日军砍下头颅来示众，而围着的便是来赏鉴这示众的盛举的人们。

隔几年，他在1925年6月发表的《俄文译本＜阿Q正传＞序及著者自叙传略》写着：

这时正值俄日战争，我偶然在电影上看见一个中国人因做侦探而将被斩，因此又觉得在中国还应该先提倡新文艺。

前面说的要被砍头或被斩，到了他1926年10月完成的《藤野先生》一文中却变成了枪毙——

第二年添教霉菌学，细菌的形状是全用电影来显示的，一段落已完而还没有到下课的时候，便影几片时事的片子，自然都是日本战胜俄国的情形。但偏有中国人夹在里边：给俄国人做侦探，被日本军捕获，要枪毙了，围着看的也是一群中国人；在讲堂里的还有一个我。

日俄战争中为俄军做事而被日军斩杀的中国人

"万岁!"他们都拍掌欢呼起来。

这种欢呼,是每看一片都有的,但在我,这一声却特别听得刺耳。

六十年后,仙台医专已变成东北大学医学部,人们发现了细菌学教室的那套幻灯片,由东京浅草区鹤渊商会制作,内容为"第二师团吉井中尉光荣牺牲的场景"。如今还剩下 15 张,静静地躺在桐木箱子里,其中没有俄国侦探被处刑的这一张。

已经以笔名"鲁迅"广为人知的周树人,晚年在上海面对朝鲜人申彦俊和日本人山上正义的提问,曾这样回答,在电影中看到为俄国充当间谍的中国人被处死的场面,是他弃医从文的转机。并具体地说是在仙台市内的电影院所放映的新闻影片中看到的。而不是他文章中所说课间放映的幻灯片中看到的。事实上,在当时的日本报刊上有关中国人为俄军做探子被杀的照片,是很容易看到的。多年后,他只是提供了一个戏

周树人在东京

剧性的记忆场景。

要从精神上重造中国，青年周树人决定放弃学医。他离开仙台，回到东京。幻灯片只是一个导火索，却不是真正的源头。早在 1902 年，他初到弘文学院那年就已在思考与国民性相关的问题，并常常和好友许寿裳讨论：

怎样才是最理想的人性？
中国国民性中最缺乏的是什么？
它的病根何在？

国民性这个话题最早是由美国传教士史密斯（中文名明恩溥）在《中国人的气质》一书中提出的。周树人来东京前后，梁启超在《新民丛报》发表的《新民说》等一系列文章即已在讨论。这也是当时日本舆论界关注的话题。

就在他到弘文学院的 1902 年，来自湖南的自费生杨度已初露头角，以勤学为人瞩目。当年秋天，不久前访问过中国的弘文学院创办人嘉纳治五郎对第一届毕业生讲话时指出，中国的国民性是服从，在现场旁听的杨度不同意这一看法，认为服从是恶根性，且为英国人所倡，不应成为亚洲的教育准则。随后他和嘉纳治五郎又有过几次长谈，并整理出他们的对话，以《支那教育问题》为题在《新民丛报》连载。

此时的杨度风头十足，高谈阔论，放言无忌。他在饭田町的住处，常常座无虚席，几乎成了湖南会馆或是留东学生俱乐部。

日本学者北冈正子考证，正是杨度与嘉纳治五郎的争论，启发了周树人对国民性问题的最初思考。

那一年11月，梁启超在横滨创办的《新小说》创刊号发表《论小说与群治之关系》一文，提出让人耳目一新的看法：

> 欲新一国之民，不可不先新一国之小说。故欲新道德，必新小说；欲新宗教，必新小说；欲新政治，必新小说；欲新风俗，必新小说；欲新学艺，必新小说；乃至欲新人心，欲新人格，必新小说。何以故？小说有不可思议之力支配人道故。

这些观点对21岁的周树人此后踏上小说救国的道路，到底产生过怎样的影响，也值得追问。这是他到东京的第一个年头，一面学日文，一面怀着好奇心，呼吸文学、思想的新空气。梁启超在横滨发出的这些言论，他不会无动于衷。当时，他无疑是梁启超的热心读者，不仅按期订阅《新小说》，还托人带回绍兴给弟弟周作人。

俄国在日俄战争中的惨败引爆了彼得堡的1905年革命，10月27日，26岁的托洛茨基宣布苏维埃成立，大罢工引发了与军警的流血冲突。刚刚代表俄国签署《朴茨茅斯和约》回来的谢尔盖·维特被沙皇尼古拉二世任命为大臣委员会主席，也就是总理大臣，主持起草了俄国第一部宪法《10月17日宣言》，俄历10月17日即公历10月30日，宣言写着："公民自由不可动摇原则：人身的真正不可侵犯，信仰、言论、集会和结社的自由。"就在这一天，整个俄国的铁路网、电报几乎陷入瘫痪，各大商业中心和几乎所有的工厂、工场都关门了。因为电业罢工，国务大臣开会也只能点蜡烛。水兵、农民的暴动消息不时传来，无奈的沙皇公布了第一届国家杜马（议会）选举办法。老旧的帝国被迫转向君主立宪的轨道。

东京的中国留学生也在留意俄国 1905 革命的消息。

宋教仁将 1906 年 2 月东京《日日新闻》连载的长文《露国之革命》译为中文，以《一千九百〇五年露国之革命》为题，在 1906 年 4 月和 9 月的《民报》连载。"露国"是日文对俄国的称呼。此文断言"独裁君主制之不见容于现世界"，他在译后记中说了一句："综观露国人民对于政府之方法，总不外革命（此革命专指暴动、暗杀、同盟罢工等之一切以强迫力反抗政府者而言）与要求之二者……"。他是主张革命的，并不认同"要求"即和平请愿的方法。

年轻的周氏兄弟 1906 年下半年在东京筹办《新生》杂志，想介绍"弱小民族的文学"，周作人说："俄国虽是独立强国，因为人民正在力争自由，发动革命，所以成为重点，预备着力介绍。"他们同情并支持俄国人争自由的革命。

而包括吴樾、徐锡麟、汪精卫在内，却从俄国虚无党人的暗杀行动中获得了灵感。虚无党人有过 1881 年炸死沙皇亚历山大二世的壮举。就连梁启超也曾在《新民丛报》为虚无党人叫好，喊出了："伟哉匕首！圣哉炸弹！"

二

在中国年轻的流亡客、留学生心目中，东京是一个刚步入现代化的城市。

1898 年冬天，26 岁的梁启超初到东京，就被其朝气所吸引，他后来对学生吴其昌说：

戊戌亡命日本时，亲见一新邦之
兴起，如呼吸凌晨之晓风，脑清身爽。
亲见彼邦朝野卿士大夫以至百工，人
人乐观活跃，勤奋励进之朝气，居然
使千古无闻之小国，献身于新世纪文
明之舞台。回视祖国满清政府之老大
腐朽，疲癃残疾，肮脏邋遢，相形之下，
愈觉日人之可爱可敬。

梁启超

梁启超把日本视为自己的第二故乡，他流亡海外的十四年，大部分时间都在这里度过。在他看来，"日本者，世界后起之秀，而东方先进之雄也。"他当时就发出这样的感叹："夫同在东亚之地，同为黄族之民，而何以一进一不进，霄壤若此？"

1904 年 12 月 13 日抵达东京的宋教仁也感到新鲜——

沿途见市面殷盛，房屋雄阔者虽不多，然街道宽大清洁，时见电车往来，较上海又是一番景象矣。

他们都要在异国继续追寻自己的梦想。

1901 年末，东京的中国留学生会馆建成，陆军士官生、将来成为新军将领的吴禄贞说出了一句豪言壮语："要让此会馆之于中国，无异于美国之独立厅。"

1902 年，21 岁的周树人来到东京。他说："凡留学生一到日本，急于寻求的大抵是新知识。除学习日文，准备进专门的学校之外，就赴会馆，跑书店，往集会，听讲演。"

1904 年，山西派出的二十个留日学生包括了 21 岁的阎锡山。出国前夕，山西巡抚张曾敭在内的高官告诫他们，到日本后千万不可接触革命党人，以免误入歧途。他一登上日本的轮船就有无限的感慨——

> 人家船上的员工做甚务甚，谦虚和蔼，人少事理，与我们中国人的做甚不务甚，骄横傲慢，人多事废，显然是一个进步与落后的对照。比至日本之初，虽对日本何以国小而强，中国何以国大而弱，不断在脑中萦回，然因临行时清吏之言犹在耳，仍存心拒与革命党人往来。但逐渐由所听到的话与所看到的书中，感到清政府之误国太甚，特别是有一天偶尔翻阅保皇党出刊之《中国魂》，益谂知清廷之腐败无能，清官吏所吩咐千万不可接近革命党人的话，至是在我脑中全部消失，遂决心加入推翻满清政府的革命。

东京给了青年阎锡山好印象，"不论政治上与社会上都是一片振兴气象。最使人历久不忘的两件事，一件是你无论向任何人问路，他们无不和和气气的告诉你，甚至领你到达你所询问的路口。一件是你无论在任何地方丢失东西，一定有人想尽方法给你送还。"[1]

1905 年 12 月，一位河南青年到东京，到第二年 6 月回国，留下了一本只有日文化名的日记。他初到东京，同学就告诉他必须遵守的习俗：说话须和蔼，不得随地吐痰或破坏日人的整洁，在电车上应向老弱妇幼让座，遵守时间切忌放荡。他在东京没有进任何学校，但听过许多演讲，包括创办了早稻田大学的大隈重信的演讲。他印象最深的是日本人的爱国主义思想，包括女子。对于中国留学生参加政治活动，他并不认同。

---

1 《阎锡山早年回忆录》，台湾传记文学出版社 1968 年，5、9 页。

听说有学生采取激烈行动，剪掉他人的辫发，他更不以为然，认为留学生应该专心研习功课。即使像他这样不想过问政治，在东京也受到日本人高涨的民族主义刺激。

来自宁波奉化溪口小镇的青年蒋介石（志清），第一次来到东京是1906年4月，他自称受到日俄战争的影响：

> 因为当时痛愤乡里土豪劣绅的横行，目击我们国家遭受帝国主义者的压迫，尤其是那时看到日本以一个弱小的国家，能够奋发图强，战败帝俄，予我精神上最大的刺激，所以我在龙津中学肄业不到半年，我请求家母准许我到日本学军事，来尽到我国民一分子的义务，来促成我们国家的雪耻和自强。

还在东渡日本的船上，他看到一个中国学生漫不经意地在船头的甲板上吐痰，被一位中国水手看到了，就走过来告诉他："一般日本人是不随地吐痰的，要吐痰就吐在手帕上或者卫生纸上，然后折起来，放回口袋，带回去洗涤或者扔掉。"

这一幕令他终生难忘。这一年，他只有19岁。当他掌握政权之后，发起"新生活运动"，不随地吐痰之所以成为重要内容，很可能就起因于此。

作为自费留学生，他未能达成学军事的心愿，只能在东京的清华学校学习。这次东渡，他在东京停留不到一年。

蒋介石

三

　　"因亡命客及留学生陡增的结果,新思想运动的中心,移到日本东京,而上海为之转输。"

　　这是亡命客梁启超在《中国近三百年学术史》中的论断。他从1898年下半年流亡到日本,发现明治维新三十年来,"广求智识于环宇,其所译所著有用之书,不下数千种",包括政治学、资生学(日本称之为经济学)、智学(哲学)、群学(社会学)等,"皆开民智、强国基之急务也"。

　　他到日本仅仅几个月,初学日文,开始接触日文书,就感慨"如幽室见光,枯腹得酒,沾沾自喜"。他说,"五年前患无书可读,无事可做;五月以来,则患应读之书太多,但觉目不暇给矣。"

　　1896年6月15日,清廷选派的第一批留学生13人抵达日本。到1899年,留日学生有143人,1900年达159人。

　　就在1900年12月6月,《译书汇编》在东京创刊,到第二年9月出的第9期出现了"译书汇编社"的名称,这可以说是留日学生的第一个译书团体。社员包括东京专门学校的学生戢翼翚、雷奋、杨荫杭、杨廷栋等,庆应义塾大学的学生汪荣宝,中央大学的曹汝霖,帝国法科大学的学生章宗祥等人。这些名字都将从历史的水面浮出来。

　　《译书汇编》后来在《新民丛报》刊登的广告称:"采择东西各国政治之书……务播文明思想于国民",孟德斯鸠的《论法的精神》被译为《万法精理》,比严复的中译本《法意》更早。卢梭的《社会契约论》当时译为《民约论》，约翰·密尔的《自由原论》、斯宾塞的《社会平权论》《政法哲学》也都有了最初的中译本。

投票、议员、特权、常识、社会、团体、权利、义务、共和国、政治家、自由论、发言权、共和政治、民主政治等都是从日语词汇转译过来的，在中文世界还是新鲜得如同带着朝露的新词。

《译书汇编》的发行量超过了一千份（直到 1903 年 4 月改名《政法学报》）。

1902 年，梁启超集股在横滨创办译书局，设在上海的广智书局也与他有关。他清楚地意识到通过日译的西方书籍，是打开中国人禁锢已久的大脑最快捷的途径。

1902 年和 1903 年，从事翻译的留日学生越来越多，《游学译编》和《新译界》等相继问世。《游学译编》是 1902 年 11 月创办的，从第二期开始由湖南编译社出版，发起人包括黄兴、杨笃生、陈范、范旭东、张孝准等湖南籍学生，共出了 12 期。他们翻译的单行本有英、法、美等国的，但更多的还是日本学者的著作，涵盖政治、教育、哲学、历史、地理等不同方面。1902 年 6 月进入弘文学院的黄兴翻译过日本教育家山田邦彦的《学校行政法论》，在《游学译编》第二、三期连载。

福建籍留日学生也在 1904 年组织了闽学会，翻译了不少日本学者的著作。

梁启超说，"定期出版之杂志不下数十种。日本每一新书出，译者动数家，新思想之输入，如火如荼矣。"虽然所译的书都是"梁启超式"的输入，无组织，无选择，却受到青年学子的欢迎，因为他们正处于一种知识的饥渴之中。"我自己和我的朋友，继续我们从前的奋斗，鼓吹政治革命，同时'无拣择的'输入外国学说"。

在东京大同学校，包括蔡锷、范源濂等梁启超的学生接触过《社会契约论》《出埃及记》《华盛顿传》和法国革命史、英国革命史，高谈阔论，志大言大，各以摩西、华盛顿、罗伯斯庇尔、丹东、卢梭、克伦威尔等自命。而他们接触这些历史和人物，大致上都是通过日文书或从日语译的中文版。

从 1896 年到 1911 年，至少出现了 1014 种日文书的中译本，平均每年达六、七十种，远超过同一时期翻译的西文书籍。王奇生在《中国留学生的历史轨迹》中说：

> 近代以来，日本大量翻译西方书籍以输入西方文化。他们每当遇到难以表达的西方新事物新思想时，一般很少使用音译，而是借用汉字径造新词汇。不过，日本在借用汉字去翻译西方词语时，有的虽然由汉字荟萃而成，却非传统中国语文所固有；有的虽借用中国现成的字汇，然而却赋予这个成语以新的含义。因此，当留日学生借用这些词汇时，虽然这些词汇由汉字组成，但仍然属于外来语。清末民初，留日学生通过翻译大量引入这些外来语后，中国的文章体裁产生了明显的变化。
>
> ……倘若我们从现代中文中抽去那些日译外来词汇或中国自创词汇，我们必将词不达意，甚至无法开口。然而当日本词汇刚刚由留日学生引入中国之际，一些旧人物和保守势力大皱眉头，几有亡国灭种之虞。

语言学家王力在《汉语词汇史》中说，"日本人创造了一些新词来表达从西洋传来的新概念，我们只不过是利用日本现成的翻译，省得另起炉灶罢了。"历史学家熊月之在《西学东渐与晚清社会》中有一章《西学从东方涌来》，在《新名词大爆炸》这一节专门分析为什么中译日文书籍对现代汉语词汇的影响最大：

> 由于日本本是汉字文化圈的成员，日文中的汉字，一点一画都是从中国学去的，其语法、构词法多与中文相通，因此，日译西书所用的词汇，中国学者大多一看就懂，不用转译。他们在翻译日文书籍时，也就原样照搬。日译新书狂浪排空般涌来，日译新词也就水银泻地般渗入。

在清朝垮塌前，最初的中小学教科书有很多也是直接从日文翻译过来的，或是主要根据日文本编写的。有人说这为中国教育输入了新的血液。那个时候，梁启超在湖南时务学堂的学生范源濂留学东京，提倡"速成师范"、"速成法政"，梁夸奖这位昔日湖南时务学堂的学生——

> 他是为新思想普及起见，要想不必学外国语言文字而得有相当的学识，于是在日本特开师范、法政两种速成班，最长者二年，最短者六个月毕业。当时趋者若鹜，前后人数以万计。

范源濂成为时代转换之际的重要教育家，像他这样致力于在中国开创新式教育的留日学生是一个庞大的群体。他们的教育实践和那些日语新词一起在读书人心中不断地掀起波澜。

一个新词可以点亮一个世界。通过翻译，大量由日文引入的新词汇成为中国人想象未来、理解现实的新起点——

> 新名词、新术语，裹着新思想、新观念、新学问，狂风暴雨，排空而来，铺天盖地，无处不在，搅得出版界、教育界、新闻界、

学术界沸沸扬扬，面貌大变。青年学子，撰文著书，演说谈天，满纸满口新词新语；老年学究，看书阅报，皱眉蹙额，狐疑满腹。[1]

1906 年春天，进入四川乐山高等小学堂的少年郭沫若，对体操课上那些奇怪口令感到好奇——

在操体操的时候差不多一街的人都要围拢来参观。那时候立正不叫立正，叫奇奥次克，向右转是米拟母克米拟……走起脚步来的时候便西、呼、米、西、呼、米的叫着。大家都莫名其妙，只觉得有趣，又觉得好笑。

他后来到日本留学，才知道体操课的口令直接搬用了日语，没有经过翻译。

在四书五经为核心的旧典籍中浸染了几千年，中国人突然撞进了一个前所未有的知识爆炸、思想解放时代，这是翻译带来的一个新天新地。从高深的哲学到通俗的小说，各个不同领域的思想冲击，都在刺激着年轻的读者。

1902 年春天，25 岁的浙江海宁青年、听着钱塘江口的潮声长大的王国维来到东京，进入位于神田小川町一番地的东京物理学校，白天学习英文，晚上学习数学。他已在上海的"东文学社"学了两年日文，深受东京帝国大学毕业的老师藤田丰八欣赏。藤田口中的王国维——

头脑极明晰，善读日本文，英语程度也很高，而且对研究西洋哲学有兴趣，他的前途真是引人注目。

1　熊月之《西学东渐与晚清社会》，中国人民大学出版社 2011 年，547 页。

王国维在东京留学仅仅四五个月，当年夏天就因脚气病回国。这段东京岁月却也是他的一个小小转折点。他说："自是而后，遂为独学之时代。体质素弱，性复忧郁，人生之问题，日往复于胸臆，自是决计从事于哲学的研究。"相隔两年，1904 年，他在上海《教育世界》连载的《<红楼梦>评论》，就是以叔本华的哲学来阐释《红楼梦》，以新的角度提出了前人未曾提出过的新观点。被藤田看好的王国维开始在学术界崭露头角。他后来写过一句话："自三代至于近世，道出于一而已。泰西通商以后，西学西政之书输入中国，于是修身齐家治国平天下之道乃出于二。"

道出于二，不可忽略通过东京转译的那些西学西政之书。王国维也翻译过《日本地理志》《法学通论》《教育学》《农事会要》等书。东京点燃的不只是年轻一代政治启蒙的烛火，毫无疑问，还有文学、思想、学术的启迪。一个古老民族处在转型的关键年代，这个先走一步的邻邦首都，给中国人提供了各种不同的想象。

四

1905 年 7 月 19 日，孙文又一次在日本登陆。在此之前，东京的中国留学生已蠢蠢欲动。这年 3 月，进士出身、担任过内阁中书、崇明知县等职的沈祖燕写信给军机大臣王文韶，讲述了自己在轮船上的见闻——

轮舶中遇东归学生数十人，多隶湘籍，皆以暑假回国者。闻其聚论鸥张，乘间与之接晤，荒谬狂肆，全无顾忌。如云："我辈有志之士，遇此中国积弱之机会，断不可以不革命，断不可以不排满。彼族入主中华，以异种奴隶汉人，专杀害我同胞，此仇何可不报。即使乘乱暂借，已二百余年，亦宜物归故主。洪秀全等首倡义举为千古杰出之英雄，曾、左、胡、彭不明大义，反创立湘军，戕杀同种，实为万世罪人。"又云："在东学生有官费、有私费，往来无定，约计常有五六千人。初至时或不知大义，久之，则无不与我等有同志者，我辈虽是官费，岁需三百余金。然此本是我汉人脂膏满洲人抄掠我中夏赀财，不可数计，大仇未报，而乃感此区区私恩小惠，弃大丈夫之所为？我辈祖宗虽已臣服，甘为奴虏，今日志在干蛊，身家性命，已置度外。此时东归，各尽义务，竭力运动，使国民皆闻风兴起，得以还我旧山河。"[1]

1905 年以前，留日学生中愿与孙文往来的不过程家柽等寥寥数人。1902 年在东京跟孙文见过面的章太炎说："那时留学诸公，在中山那边往来，可称志同道合的，不过一二个人，其余偶然往来的，总是觉得中山奇怪，要来看看古董，并没有热心救汉的心思。"这一年东京的留学生已有 727 人，比 1901 年的 266 人翻了不止一倍。

程家柽生于 1874 年，安徽人，毕业于武昌两湖书院，1899 年官费留学日本，进入东京帝国大学农科。

1902 年，孙文跟程家柽见面时说，要在东京找到二十个留日学生，十个学军事的来带领两广的三合会、长江的哥老会为起义之师，十个

---

1 张篁溪《沈祖燕赵尔巽书信中所述清末湘籍留东学生的革命活动》，《湖南历史资料》1959 年第 1 期。

学法政的在占据城池后整理地方及与外人交涉。程说二十人太少了。几年来，留学生人数猛增，1903年11月已有1242人，1904年11月达到2557人，1905年突破了8000人。

即使此时，孙文也只希望在东京找到二十个留学生。十多年来，他主要在华侨和会党中活动，在留学生中一直找不到多少同道者。有举人身份的留日学生吴稚晖还以为他目不识丁。

留学生更能认同的是黄兴、宋教仁这些人，湖南籍的黄兴1902年第一次到东京，是湖北派出的官费留学生，在弘文学院读的是一年制的速成科师范班，同一年比他早几个月到弘文的周树人进的是普通班。在周树人眼中，当时叫"黄轸"的黄兴还默默无闻，也没有喊出什么革命的口号。弘文学院从1902年正式开办，到1909年结束，七年间共招收了7192名中国学生，毕业的有3810人。这七千多人中有黄兴、胡汉民、杨度，有陈独秀、范源濂，还有鲁迅这样的人。

从1904年到1908年，在法政大学清国留学生法政速成科入学的有2117人，毕业的986人，包括汪精卫等。从1905年到1910年，早稻田大学清国留学生部入学的有2006人，毕业的1119人，宋教仁即是其中佼佼者。

1903年，东京的中国留学生组织"拒俄义勇队"，参与者十分踊跃，清廷警觉"名为拒俄，实则革命"，通过日本政府强行解散，学生不甘，改为"军国民教育会"。这是东京留学生中第一次出现有力量的组织。作为"军国民教育会"中负责两湖的运动员，黄兴回国之后，联合年轻的宋教仁、陈天华等人组织华兴会，计划在湖南发动起义，被清廷破获，逃出湖南，在上海一度被捕，幸好身份未被识破。他们先后亡命到了东京。此时的黄兴已拥有实干家的声望，1904年12月，他在留日学生中组织"革命同志会"，参与的有湖南、云南、江苏、河南、直隶等省的学生上百人。

孙文在日本登岸的这一天，宋教仁随程家柽拜访宫崎寅藏（滔天），得知孙文要来日本。三人围坐，一边饮酒，一边聊天，在这位日本人口中，"孙逸仙之为人，志趣清洁，心地光明，现今东西洋殆无其人焉。"这是宋教仁第一次听人如此推崇孙文。7月28日，他在《二十世纪之支那》杂志社第一次见到孙文，在场的还有陈天华等人，当天在日记中详细记下了孙文的一席话，只是未加评论。

此前，黄兴已经和孙文见过面。孙问宫崎寅藏，在日本的中国人中，有没有杰出的人物？宫崎回答："仅仅两三年间，留日学生猛增。有一个叫黄兴的，是个非常的人物。"孙迫不及待就去找黄兴，在一家叫凤乐园的中国餐馆聚谈，在场的还有张继和另一个日本人末永节。宫崎回忆：

> 寒暄过后，彼此不拘礼节，大有一见如故之感。他们很快就开始谈起国家大事来。我虽然不大懂中国话，不知他们讲些什么，但是，中国的革命豪杰在此欢聚一堂，畅所欲言，使我们感到非常高兴。

孙文紧锣密鼓地跟两湖最有影响力的几个人会谈，同盟会已呼之欲出。操一口粤语，长期在广东籍华侨中活动的孙文要从珠江流域的地域圈子中走出来，迫切需要找到合作者，而黄兴他们就是长江流域最具号召力的核心人物。

此时，华兴会的主要成员几乎都在东京，宋教仁曾主张建立"大湖南北同盟会"，这也和孙文找他们组织新团体的想法不谋而合。

7月29日，黄兴、宋教仁、刘揆一、陈天华等在黄兴的住处讨论与孙文联合的问题，虽在细节上有些不同意见，但合作的方向则是毫无争议。

第二天，他们汇集在赤坂区桧町三番地的黑龙会内田良平家里，与会的七十二人中孙文认识的仅十人，还包括了三个日本人（宫崎寅藏、内田良平和末永节）。由黄兴、宋教仁通知到会的有张继、田桐、陈天华等十三人，由冯自由通知到会的有马君武、胡毅生、刘道一、曹亚伯等十一人，由胡毅生通知到会的有汪精卫、李文范、古应芬等九人。在这七十二人中，来自两湖的最多，有 39 人，其次是两广，23 人。

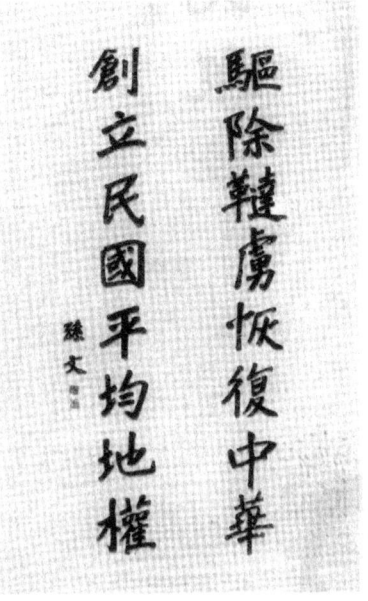

孙文手书同盟会誓词

孙文在演讲中强调中国革命党各派合组一个新团体，得到与会者的支持。在讨论新团体的名称时，最初孙文提议叫"中国革命同盟会"，也有人主张叫"对满同盟会"。黄兴提出这是秘密组织，不必明用"革命"二字，最后决定就叫"中国同盟会"。

在中国同盟会的中英文圆形印章上可以看到，外圈是英文 The China Federal Association，内圈右为"中国"，中为"同盟会"，左为"印章"二字。

会上还通过了孙文提议的十六字誓词：驱除鞑虏，恢复中华，创立民国，平均地权。对于"平均地权"，有人表示疑问，有所讨论，孙文详加解释之后，也就通过了。黄兴说："今日开会，原所以立会，赞成者请即签名并书立誓约。"誓约书如下：

立誓约人　　　省　　　府　　　县人，当天发誓，驱除鞑虏，恢复中华，创立民国，平均地权。矢信矢忠，有始有卒，如或渝此，任众处罚。

中国同盟会员

介绍人

天运乙巳年　　月　　日

这个誓词并不是临时拟的，这年夏天孙文在欧洲的中国留学生中活动，用的就是这一誓词。一年前，他为美洲致公堂拟定的新章，第二条即是这十六字宗旨。

率先签名的是曹亚伯、程家柽。

孙文带大家举手宣誓，还约定了秘密接头口号：汉人、中国物、天下物。

参与这次筹备会的湖北人田桐将这一天视为同盟会成立的日子，写了《同盟会成立记》一文。他说，当天天气炎热，内田良平家拿出凉糕，众人正在吃着，欢笑声中，地板的枕木折断了一根，有杯盘倾翻，还有人躺倒。曹亚伯说："异族政府必倒，以此为兆。"孙文也说了一句："此为倾覆满洲政府之征兆也。"众人鼓掌欢呼。

最后推举黄兴、马君武、陈天华、蒋尊簋、汪精卫、程家柽等人起草章程，在正式成立大会上提出讨论。

1905 年夏天，在日俄战争中获胜的日本人还陶醉在胜利的喜悦之中，集结在"中国同盟会"旗号下的中国人，则在东京悄悄开始了创立民国的伟业。

五

同盟会的十六字纲领，"驱除鞑虏，恢复中华"，是元末明初朱元璋针对蒙元的北伐中就提过的口号。"创立民国"却是前所未有的新口号，比兴中会的"创立合众政府"更为简明、响亮。

此时，距离满清入关已有两百六十多年，这个古老帝国在内外交困中挣扎了至少六十年，经历八国联军的打击之后，清廷也在求变，想走君主立宪的道路了。对于东京的留学生和流亡者，是否断然抛弃延续了两千多年的帝制则一直存在争议。同盟会明确提出"创立民国"的目标，就是要将帝国送进历史博物馆。

最难让人接受的是"平均地权"。在东京学陆军的山西青年阎锡山对这句话的意义不明白，有一天当面向孙文请教。孙告诉他：

> 平均地权的"权"字不是量，也不是质，这也就是说，不是说地亩多少，也不是说地质好坏，是说他的一种时效价值。

他表示自己还是不明白。孙继续说：

> 我给你举一个例子，如纽约原来是个沙滩，可以说不值一个钱，现在因繁盛起来，一方尺地即值银子七百两。

他问了一句："美国也是花银子，说两数吗？"

孙回答：

不是，美国的货币，名叫套如，一套如约等于中国一两银子，我说一方尺值七百套如，你一定不晓得是什么价值，所以我和你说是值七百两银子。

他问："那么，你所说的平均地权，就是平均这一文不值涨到七百两的地价么？"

孙笑了笑说："你说对了。"接着说："原来一文不值，今天值到七百两银子，不是人力为的，也不是造化予的，这纯乎是因国家经营所提高，不应当让地主享有，应该由国家享有。"

他答："我明白了。"

孙说："如纽约的这一种事实，世界上太多了。就我们中国说，上海、天津、汉口、广州都是这样，而且还在继续发展，因此我认为应该实行平均地权。"

他问："商埠码头可以如何，普通都市也可以如此吗？"

孙答："凡有此种事实者，均应如此。"

他又问："耕作地是否可以如此？"

孙答："耕作地因国家经营提高价值的事很少。"

他又问："因人力改良而增涨的地价可否归国家享有？"

孙答："不可，人力改良的应归出人力者享有。"

这次谈话约有三十分钟，其间孙问他"你明白了吗"不下十次，给了他极深的印象。[1]

---

1 《阎锡山早年回忆录》，7—8 页。

不光阎锡山对"平均地权"有疑问，从 1905 年夏天到初秋，广东青年胡汉民、廖仲恺对此也感到困惑。9 月 29 日，他们在廖仲恺和何香凝夫妇的住处与孙文深谈，两人表示："革命本素志，民族主义、民权主义俱丝毫无疑义矣；唯平均地权、民生主义，犹有未达之点。"在此之前已宣誓入盟的何香凝回忆：

当晚孙先生来到我家，仲恺在晚饭时即行宣誓加盟。但是胡汉民为了"平均地权"四个字与孙中山先生辩驳了差不多一个通宵。胡汉民认为不宜在那个时候提出"平均地权"的口号。孙先生向他解释说："你参加反清朝帝制，这很好，但解决民生问题也是我们革命目的之一，而要解决民生问题，首先就要平均地权、节制资本。"我记得那天夜里我在床上醒了又睡，睡了又醒，还听见他们在隔壁房间里争论不休，一直辩论到深夜三时以后，胡汉民才勉强加盟。[1]

此后，胡汉民代孙文执笔的《民报发刊词》首次提出民族、民权、民生三大主义，要将政治革命、社会革命毕其功于一役。民生，就包含了"平均地权"在内。[2] 而当时加入同盟会的人最大的共识只是排满，即民族主义。

1　何香凝《我的回忆》，《回忆辛亥革命》，新华书店 1981 年，16 页。

2　1908 年同盟会通过的《革命方略》对于"平均地权"作了如下解释："文明之福祉，国民平等以享之。为改良社会经济组织，核定天下地价。其现有之地价，仍属原主所有。其革命后社会改良进步之增价，则归于国家，为国民所共享。"

六

1905 年 8 月 13 日，东京的中国留学生在骏河台的富士见楼集会欢迎孙文，在宋教仁致欢迎词之后，孙文发表演说，当时到会的已有六七百人，后来者还络绎不绝，门外拥挤不通，因警察封门，进不去的人在外面喧哗，经宋教仁和警察交涉，才开门让大家进来。

陈天华执笔的《纪东京留学生欢迎孙君逸仙事》称与会者超过一千三百多人，还有数百人进不去，"东京自有留学生以来，开会之人数，未有如是日之多而且整齐者也。"

在拥挤的年轻人中，有一张同样年轻的面孔，就是在仙台医专放暑假来东京的周树人。他本人从未提及这一幕，十年后只是写过一句话："时当清的末年，在一部分中国青年的心中，革命思潮正盛，凡有叫喊复仇和反抗的，便容易惹起感应。"（《杂忆》）他没有说自己是否属于这一部分中国青年。

孙文激动地说："鄙人往年提倡民族主义，应而和之者，特会党耳，至于中流以上之人，实为寥寥。乃曾几何时，思想进步，民族主义大有一日千里之势，充布于各种社会之中，殆无不认革命为必要者。"

掌声如雷，声震屋瓦。这是东京规模空前的一次集会，也是孙文在东京的第一次公开演讲。陈天华称许孙文："非成功之英雄，而失败之英雄也；非异国之英雄，而本族之英雄也。……彼之理想，彼之抱负，非徒注眼于本族止也，欲于全球之政界上、社会上开一新纪元，放一大异彩。后世吾不知也，各国吾不知也，以现在之中国论，则吾敢下一断辞曰：是吾四万万人之代表也，是中国英雄中之英雄也。"

一个星期后，在 8 月 20 日下午举行的同盟会正式成立会上，在场的人中，31 岁的黄兴已算年长，大部分都是宋教仁、汪精卫这样的"八零后"，二十出头的小青年。39 岁的孙文成为中国同盟会的总理，虽出于黄兴的提议，无须经投票手续，但他比起在场的其他人他不仅年长，而且从事革命已有十余年。兴中会创立于 1894 年，他第一次策划广州起义失败，逃亡到东京，已是十年前的事了。十年来，他曾多次出入于东京，拥有宫崎寅藏（滔天）、平山周等日本朋友，他的事迹也曾出现在东京的报纸上。

关于东京当时流行的报纸，我们不妨读一读鲁迅《范爱农》的开头一段：

> 在东京的客店里，我们大抵一起来就看报。学生所看的多是《朝日新闻》和《读卖新闻》，专爱打听社会上琐事的就看《二六新闻》。

《二六新闻》，又名《二六新报》。宫崎寅藏（滔天）的《三十三年落花梦》，首次向日本读者介绍了孙文的革命经历，从 1902 年 1 月起就曾在这上面连载。《二六新报》的发行量有 15 万份，创办人秋山定辅也成了孙文的支持者。

同盟会的正式成立大会之所以在赤坂灵南坂的坂本金弥住宅举行，就是因秋山定辅的关系。坂本金弥是《二六新报》的出资人之一，当年还担任了已更名为《二六新闻》社的社长。

参加同盟会成立会的约有百人，超过筹备会的七十二人，来自中国的十七个省份，除了甘肃当时没有留日学生。这次会上发生了一个小插曲，有人起立诘问孙文："他日革命成功，先生其为帝王乎？抑为民主乎？请明以告我。"当时会场演说正酣，听到这一疑问，忽然如裂帛中止。孙、黄不知所对，就在此时，程家柽站出来发言："革命者，国人之公事也，孙先生何能为君主民主？惟在吾人之心中，苟无慕从龙之荣，则君主无自而生。今日之会，惟研求清廷之当否革除，不当问孙先生以帝王民主也。"

这一幕记录在宋教仁、景定成的《程家柽革命大事略》一文中，只是日期、地点等有可疑之处，文中称是 8 月 16 日在内田良平家，又说是同盟会成立大会，选举会长、部长，则应该是 8 月 20 日，在坂本金弥家。

按三权分立原则，同盟会分执行部、评议部和司法部。执行部分为庶务部、书记部、内务部、外务部、会计部和经理部，黄兴被任命为庶务部干事，实际上相当于协理，总理不在时，全权主持会务。1883年出生在广西桂林的邓家彦认为在孙文之外，最受人崇敬的就是黄兴，"他生来诚恳谦和，与同志一见如故。"

评议部经选举产生，熊克武、冯自由、田桐、朱执信、胡汉民、吴鼎昌、汪精卫、吴玉章、康宝忠、胡瑛等二十人被选为议员，他们又选出汪精卫为议长。司法部部长邓家彦，判事两人（张继、何天瀚），检事宋教仁。

在同盟会的三十个重要干部中，来自原兴中会的仅有两人。这些人大部分都是 1880 年代出生的"八零"后，二十出头。

法国历史学者白吉尔分析，为什么东京的留学生接受孙文作为领袖，无非是希望利用他的阅历和人脉，但他们很快就会明白——

这个人远超过他们能应付的程度，因为孙逸仙不是自己去认同党，而是要党来认同他。"同盟会怎可没有我？"是他对批评者的回应。孙逸仙凡事以同盟会为名，不过他这样做是为了利用它，而不是为其所用。他的看法是，没有任何灵魂人物的组织无法存在，而他就是这个人。所以他利用同盟会助长自己的威望、名声，改善今日所谓的他的形象，巩固他在海内外的地位。[1]

至于孙文什么时候起被称为"孙大炮"，尚无定论。曾留学东京的陈独秀多年后写过一则随感录："人们都说，孙中山总是满口理想、尽说大话，因此为他取了'孙大炮'这样的绰号。"

他在世界各地奔波十多年，终于得到那么多青年学生的认同。同盟会成立不久，9月30日，他在写给新加坡华侨陈楚楠的信中，抑制不住内心的兴奋：

> 近日吾党在学界中已联络成就一极有精彩之团体，以实力行革命之事。现舍身任事者已有三四百人矣，皆学问充实、志气坚锐、魄力雄伟之辈，文武才技俱有之。现在各人分门认担一事，有立即起程赴内地各省，以联络同志及考察各情者……此团体为秘密之团，所知者尚少，然如来投者陆续加多，将来总可得学界之大半；有此等饱学人才，中国前途诚为有望矣。

从 1905 年到 1906 年，共有 964 人宣誓加入同盟会，863 人在日本，32 人在新加坡，31 人在吉隆坡，20 人在欧洲，10 人在河内，8 人在香港。

---

1 【法】白吉尔著，温洽溢译《孙逸仙》，台湾时报文化出版企业股份有限公司 2010 年，156 页。

考虑到当时在东京的留学生不过八千人，863 人中多数属于这个群体，这个比例相当之高。离开了这个群体，同盟会也不可能于此时此地横空出世。所谓天时地利人和，在 1905 年夏天的东京毫无疑问都具备了。

同盟会在东京最初的 863 人中，如果以省界来分，来自广东的有 170 人，来自湖南的有 158 人，四川 127 人，湖北 124 人，安徽 59 人，陕西 55 人，山东 53 人，广西 43 人，江苏 37 人，直隶 35 人，云南 27 人，福建 24 人，浙江 22 人，河南、贵州各有 9 人，江西 8 人，山西 4 人。

来自两湖的会员合计 282 人，在同盟会中最有力量。

浙江人加入同盟会的不多，以浙江人为主体的光复会却是颠覆清廷的重要力量。部分光复会成员只是以个人名义加入同盟会，光复会作为组织并没有解散。比如秋瑾，曾是同盟会浙江主盟人，但她也是光复会的重要成员。不像华兴会、兴中会，在同盟会成立之后，也就消失了。

七

同盟会中与孙文最亲近的几个人都是广东籍青年，包括汪兆铭（精卫）、胡汉民、廖仲恺、朱执信等。

1905 年夏天，汪兆铭和朱执信等人在东京第一次见到孙文，他还记得孙当天身穿白衣。他在《民报》创刊号上发表文章，以"精卫"为笔名，从此，"汪精卫"之名渐渐被世人所知。

1904 年，这位 22 岁的秀才作为广东省派出的官费留学生，来到东京。在法政大学速成科，他颇为用功，最后以第二名的成绩毕业。校长梅谦次郎博士和其他教授一样亲自给他们上课。

对他影响最大的却是两个日本历史人物，西乡隆盛和胜海舟。他认为没有这两个人，明治维新也不会取得这么好的成就。每次到神田一带的书店里去，他总不忘搜集与这两个人有关系的著作。星期天到上野公园，他总要去瞻仰西乡隆盛的铜像。他说康有为、梁启超反对革命，认为革命会导致分裂，而他研究明治维新时代的情形，研究西乡隆盛和胜海舟两人的事迹，决没有那样的忧虑。

其实，梁启超也一样仰慕西乡隆盛。

一手牵狼狗、一手握腰间剑的西乡隆盛铜像，自 1897 年起立于上野公园。1899 年梁启超来此，就写过一首诗：

> 东海数健者，何人似乃公？劫余小天地，淘尽几英雄。
> 闻鼓思飞将，看云感卧龙。行行一膜拜，热泪洒秋风。

十年后，黄兴随宫崎滔天到鹿儿岛给西乡隆盛扫墓，也留下了一首诗。

法政大学可以说是汪兆铭的知识更新之所，在这里他接触到了孟德斯鸠、卢梭等人的学说。他说："留学法政，从宪法中得知国家观念及主权在民观念。从前所谓君臣之义，撇至九霄云外，固有的民族思想勃然而兴。与新得的民权思想会合起来，便决定了革命的趋向。"

他在法政大学速成科毕业之后，又自费在专门科就读。他的生活来源主要是靠译书，翻译过法规大全等，在速成科时，他每月官费可领三十日元，而译书的收入每月有五六十元，除了自己使用，还能帮朋友。

中华民国南京临时政府诞生之际，他代孙文起草的《临时大总统宣言书》中有这样得意的一笔："临时政府成立以后，当尽文明国应尽之义务，以期享文明国应享之权利。"就来自法政大学课堂上山田三良老师讲国际私法时的讲解："诸位常常在喊撤废治外法权，废止领事裁判，但在向列强要求之前，先得尽作为国际社会的一员的义务。"[1]

八

同盟会没有经费来源，最缺的就是钱。

这些年轻的流亡者、留学生两手空空，只有勇气，还有满脑子对未来的憧憬。

同盟会本部的运转几乎全靠东京的会员缴纳的小额会费。创会之初，规定每个会员缴纳入会捐三日元。第二年修订章程，减为一日元。另外要求每个会员交年捐一日元，和会员自定数额的基本捐：年收入二百日元的，上交百分之五；年收入在一千二百日元以上的，上交百分之十，以及一笔由总理决定的特别捐赠。以留学生为主体的会员，每月的津贴不过十日元到三十日元，靠他们的捐款来支撑显然不大现实，所以同盟会本部的经费一直捉襟见肘。

不过留学生的官费折子（通账）常常被用做抵押品，可以借款，只是要付利息。黄兴在东京最困难的时候，在宫崎寅藏家躲债两个月。他的湖南同乡谭人凤看不下去了，代借了官费生的三个折子，从一个"专事盘剥学生"的林肇东那里低借千元，暂时应付。因债台高筑，到期还不出去，把宋教仁编辑、他自己主持译印的《比较财政学》版权给了林肇东抵债。在被逼得走投无路时，又让借三个折子的学生到使馆去挂失，

1　汪精卫《正月的回忆》，《汪季新先生诗文集》，431 页。

"利金因得以不缴"。

从同盟会成立之初，其实孙文就在想办法筹款，他以"中华民务兴利公司"名义，在横滨一家印刷店印制了价值两百万（中国）元的债券，每张面额一千元。债券上盖着以孙文为首的募集者的印章，承诺由"广东募债总局"担保在公司开始经营之后，分五期在每年年尾偿付持券者的本金和利息。每张一千元的面额只售二百五十元，却也很少有人购买。

1906 年冬天，孙文估计同盟会本部每月的开支需要数百日元。本部的重要领导张继说他们羞于启齿要公家出钱去执行革命任务，而且不时奉献自己的钱，供应孙文在海外奔走的旅费。宋教仁 1907 年春天和白逾桓到东北去联络绿林武装，没有从本部得到经费支持，而是到处向朋友借钱，白逾桓甚至挪用了湖北学生的官费二千日元（本来是通过他分发给其他留学生的），其中给宋教仁的一笔就有三百七十元。

经费的极度匮乏也成为同盟会内部分裂的一个重要因素，因清廷要求日本政府驱逐孙文出境，时任朝鲜统监府统监的伊藤博文收到庆亲王奕劻的来信，跟内田良平商议，内田建言："取让孙自动出境之策为宜。"日本外务省为此资助孙文离境费七千日元，拿出其中的一千元在赤坂三河屋举办告别宴。东京的一个证券商铃木久五郎又捐赠了一万日元给孙文，此人与孙的好友梅屋庄吉有交情。孙手里有一万六千日元，只留了二千日元给《民报》社，于 1907 年 3 月 4 日，带着胡汉民、汪精卫、萱野长知、池亨吉等人离开横滨。由此引发了章太炎他们的极度不满，酿成第一次倒孙风潮。

《民报》从 1905 年 11 月 26 日出版创刊号，到 1908 年 10 月 10 日发行了第二十四号之后，被日本警方查封，经费一直紧张。最初的《民报》之所以能顺利出版是因为来自湖北的同盟会员刘公捐了一笔钱，其他会员也各捐了五元。印刷机是孙文找秋山定辅捐赠的，从东京京桥的金津机械屋购买，连铅字、字版架也是秋山捐赠的。帮助孙文筹款最有力的也是秋山。

秋山定辅比孙文小一岁，东京帝国大学法学科毕业，1893 年创办《二六新报》，曾四次当选众议院议员。他的英语较好，他俩见面就是用英语交谈。在秋山定辅的心目中："人之如孙先生者，于未来五十年，乃至百年之内，将难再见。如此人物，纵在梦中，亦难想象。余见彼以前，即未曾梦见如是人物，其乃伟大之革命家也。"但对于孙文频频索款，他也感到厌烦。每次孙文去见他，总是表现得很愉快，微笑寒暄之后，就说明来意："秋山君，今天又是钱的问题。"秋山定辅不好拒绝，为此曾负债累累，以至于患上神经衰弱症六个月。1906 年 10 月 6 日，孙文手书条幅"得一知己可以无憾"赠给秋山。

《民报》每份的定价是日币二角，创刊号印了五千份，其中三分之二寄到中国，其余在日本销出。到 1906 年 5 月 1 日出版的第四号，发行量已达一万份。出版一年之后，《民报》收到南洋、欧洲各地个人和团体的捐款十五笔，有一千二百一十日元。

12 月 2 日，庆祝《民报》一周年大会时，有 181 人签名捐款，共有七百八十日元。

从 1907 年到 1908 年，来自加拿大、南洋、旧金山和海外其他地方的两百三十起个人和团体捐款，共给《民报》捐了六百七十日元和一英镑十先令，可见也都是些小额捐款。

到北京潜伏、在京师大学堂农科任教的程家柽，得到肃亲王善耆的信赖，1907 年底到 1908 年初，带了三万日元到东京。这是善耆和陆军部尚书铁良送给同盟会本部的，表示"同情"革命，希望他们去掉反满色彩。当时同盟会本部"财穷已极"，主持日常事务的刘揆一跟章太炎等几个人商量之后，接受了这笔钱。程也受到同盟会内许多人的误解，以为他已投靠清廷。

1908年11月到12月，黄兴因债台高筑，在宫崎寅藏家躲债五十多天。他想印制一批纸币，在革命发动时使用，从横滨一个高利贷商人那里借了一万日元，委托一个日本人去印制。结果纸币没有印成，连这笔钱也没了。

同盟会最大的支出还不是《民报》和本部的日常运转，而是发动一次次武装起义所需要的巨额经费。从1907年5月到1908年5月，这一年，同盟会在两广、云南边境发动六次武装起义，募集和花费了二十万港币，半数来自南洋，另一半来自孙文从东京带出的一万四千日元，还有当时在巴黎的张静江汇来的五万元。张是浙江湖州南浔的富商之子，从小跛足，先是在清廷驻法使馆任商务参赞，又在法国开公司，经营古玩瓷器、丝茶绸缎等，秘密参加了同盟会。

1911年4月27日广州起义的经费则主要是在马来亚的华人社区募集，原定目标是港币五万元，最后募到47661.67元，接近这个数字。经手人胡汉民和邓泽如说，捐款人中没有一个华人巨富。

在创造历史的艰难时刻，钱固然不是最重要的，但没有钱也是寸步难行。

九

1905年11月2日，日本文部省公布《关于准许清国学生入学之公私立学校规程》。这一年，中国留日学生达到八千人，除了官费生，还有大量自费生，日本出现了各类接受留学生的私立学校，这个"取缔规则"一出来，却在东京的留学生中引发了一场大震荡，陈天华甚至蹈海自杀。

秋瑾是坚决主张退学回国的代表，她的名字也出现在东京的日文报纸上。但也有很多人主张留下来，包括宋教仁、胡瑛、周树人这些人在内。

留日学生反对"取缔规则"的运动之后，军机大臣瞿鸿禨收到江西臬司、儿女亲家余肇康 12 月 23 日的密信，其中说：

> 近两大患，一在日本，一在学生，治乱存亡，胥于是乎在。……（……即如游学，未收其效先收其害。鄙意不如尽调各学生回国，多延东西教育家来华讲授，暂停游学五年，俾不致耳濡目染，不复知有中国。治标之法，莫急于此。）[1]

担心留日学生成为大患，主张停派留学生，余肇康不是第一人，在官员中这样的声音不是孤立的。同年 12 月 24 日，翰林院侍读学士恽毓鼎在日记中说：

> 因近出《鹃声报》乃四川官费留学生所撰，以排满革命为宗旨，污蔑悖乱，令人眦裂发指。此报若行，将乱中国。请设法封禁。奉旨交外商学警四部从严查禁，并行文川督，将官费学生撤回。

办杂志在东京的各省留学生中也是一种潮流，先后问世的有《浙江潮》《洞庭波》《河南》《江苏》《江西》《云南》《滇话》《秦陇》《关陇》《夏声》《晋乘》《湖北学生界》等，多达 88 种。这是前所未有的现象，

---

1 转自孔祥吉《惊雷十年梦未醒》，广东人民出版社 2017 年，391 页。

可以看出那时候留日学生思想的活跃。清廷早就留意到了这一动向，只是鞭长莫及。在蔡钧任驻日公使时（1901—1903年），就有这样的禁令：

> 查游学东洋学生，上年冬间在日本东京开设报章，各处分售……其中议论，虽在开通民智，而乖谬偏宕之语，亦往往杂厕其间。即令毫无流弊，亦非学生应尽之义务。当经传电蔡公使并监督，设法禁阻……

《鹃声》是白话报，由四川留日学生雷铁崖、邓絜、董修武、李肇甫等创办，"提倡民气，保护人权"，只出两期就停刊了。四川总督锡良下令："有藏者比室株连，获主笔则就地正法。"但在《鹃声》之后，雷铁崖他们又办了《四川》杂志。

早在三年前，蔡钧出任驻日公使不久，就在给军机大臣荣禄的密函中建议停止向日本派遣官费留学生，这项经费可以用来在各省建立学校，或聘请欧美教习。

他们的担忧不是没有理由的，只是派遣留学生的国策牵动太广，不是说停就能停下来的。

至于留日学生的自我期许，从《清国留学生会馆第五次报告》中的这句话可知："他日立中国强固之根基，建中国伟大之事业，以光辉于20世纪之历史者，必我留学生也。"

＋

　　《民报》创刊号于 1905 年 11 月在东京出版。同盟会成立时，黄兴提议以《二十世纪之支那》为机关刊物。之所以改名，却是因为宋教仁他们的杂志只出了两期，就被日本警察查禁了。

　　《民报》这个刊名，确实比原来的这个刊名好记，简洁，明白，有概括力。

　　用不了多久，《民报》就引起了清廷的注意，自然严密防范，不让输入国内，尽管不能完全禁绝。有人将《民报》装在箱子里，谎称是带给朋友的《法政丛编》，托满族学生带回，海关人员对满族学生的检查较松，容易过关。还有人撕掉《民报》封面，换上《心理学讲义》，邮寄回国。[1]

　　《民报》的主要撰稿人有汪精卫、胡汉民、宋教仁、陈天华、章太炎、刘师培、朱执信等，署名"精卫"的文章笔锋带着感情，很快引起了读者的关注。仔细研究过《民报》言论的学者朱浤源写过这样一段话：

　　　　《民报》之中似无人真正下过工夫去研究中国，特别是当时的中国。对古中国有研究，且在《民报》中明白表现的，只有刘师培与章太炎。但没有任何一人真正去探究中国的现状。对中国境内的种族分布情形、政治制度的运作、经济与财政的状况、社会的贫瘠程度，只有几篇极为浮面的即兴之作。倡言救中国，矢志重建中华

1　黄福庆《清末留日学生》，中央研究院近代史研究所 1975 年，138 页。

文化的《民报》撰述人，或者局限于狭义的感性的种族主义，如章太炎、陶成章，或者沉迷于漂浮在西方灿烂文明表面的激进学说，如朱执信、廖仲恺。前者太右，后者太左。其他的多数人则游离其间。有些较能允执其中，如胡汉民等，希望将西学移植到中国。但囿于时间的短促，以及投身革命行动，使他们的设计，仍停滞在某一层次……[1]

《民报》的作者几乎都是二十多岁的年轻人，他们的知识不够，思想并不成熟，朱执信、汪精卫只在法政大学速成科读了一年左右，代孙文起草了《民报》发刊词的胡汉民受法政专门训练的时间也不过一年左右。他们对日本和西方思想的了解都很有限，"因为他们认为中国当时的成就，已不足以应付逆转的时局，所以一到日本，就尽可能阅读有关资料，并立即用文字表现出来。认为：这些学说与救国的原旨相合；在这些学说之中，必可找到救国救民的方策。"西方的民主思想，他们接触到的有卢梭的《社会契约论》(《民约论》)、孟德斯鸠的《论法的精神》，但他们不大明白，卢梭的"自由理论既浪漫又暧昧，本质上究属个体主义或集体主义，在十九世纪时已有争论"。[2] 但他们有足够的勇气表达自己的看法，这也是年轻给予他们的自信。

就是年长一些的章太炎初任主编时，也不过 37 岁。他提倡国学以排满，对于西方的代议制和选举模式就不以为然，发表过《代议然否论》。朱浤源分析：

章太炎似乎极力要强调一种以东方为本位的本土主义，并不是

---

1 《同盟会的革命理论——〈民报〉个案研究》，中央研究院近代史研究所1975年，317页。

2 《同盟会的革命理论——〈民报〉个案研究》，321、322页。

狭义的国故独尊论。因为章氏对西方的民主政治与社会平等主张亦极倾心，他也希望在借着感性的种族主义，把清廷推翻之后，需要一种新模式作为建国的凭借。……西化派既取西式的大原则，也要西式的方案；章太炎则只要少数几点的大原则，但更强调应以生根为要件。他比《民报》社中所有其他人，对中国本身有较多的了解，因此才会反对用西方的代议制与选举制，来作为在中国实行民主的制度。但章太炎也有其短处，由于国学的根柢太厚太深，使他在思考本土化新方案的时候，不但不能提出具体可行的意见，而且甚至令人产生一种"固陋而可笑"的感觉。[1]

重要的是，在代议制和选举制之外，人类迄今尚没有找到更合适的民主模式，章太炎在 20 世纪初的思考注定不切实际。

十一

1906 年 6 月 29 日，37 岁的章太炎因"《苏报》案"在上海坐了三年监狱，一出牢门就被同盟会派人接到前往日本的轮船上。7 月 15 日那天，尽管天下大雨，还是有两千多留学生聚集在神田的锦辉馆，欢迎长发过肩、面白体胖的章太炎，可谓盛况空前，几乎超过了一年前富士见楼欢迎孙文的那次大会。

这是他第三次来到东京。他即兴发表演讲，说自己昔日在朋友中流

---

1 《同盟会的革命理论——＜民报＞个案研究》，327—328 页。

露排满思想，被视为"叛逆"或是"疯癫"，他说："……所以古来有大学问，成大事业的，必得有神经病才能做到。……兄弟看来，不怕有神经病，只怕富贵利禄当面前的时候，那神经病立刻好了，这才是要不得呢！"他除了提倡佛教，"总望诸君同发大愿，勇猛无畏"，就是提倡国粹，张扬汉族的历史，包括语言文字、典章制度、人物事迹，"若要增进爱国的热肠，一切功业学问上的人物，须选择几个出来，时常放

章太炎

在心里，这是最紧要的。"他提及刘裕、岳飞、顾炎武，特别是以《孟子字义疏证》痛斥理学杀人的清代学者戴震，说这本痛哭流涕写成的小小册子，并没有明骂满人，但读了这本书，没有不深恨满人的。

这次演讲的记录稿洋洋洒洒六千字，登载在他接任主编的《民报》第六号。

孙文和年轻的留学生一样真心欢迎他这位国学家的到来，他的国粹主张正好迎合了排满革命的需要，给革命注入了一种强大的文化力量。

此时，距他上次来东京已有四年。

1902 年春天，章太炎第二次来东京，为广智书局修订译稿，偶尔也为《新民丛报》写稿，勉强维持生计。

就是这一次他在东京做了一件大事，发起"支那亡国二百四十二年纪念会"，公开倡导种族革命，集会地点定在上野公园的精养轩。

上野公园，每年樱花满开时，人山人海。这也是中国人经常抵达的地方，在宋教仁日记和许多人的回忆中常常出现。最有名的当然是鲁迅的那句话："东京也无非是这样。上野的樱花烂熳的时节，望去确也象

绯红的轻云……"

这一年在东京的中国留学生不过 727 人，赶来参加集会竟有几百人，汪荣宝、程家柽等都在其中。4 月 26 日这一天，上野精养轩门前和不忍池畔布满了日本警察，阻止了这场事先张扬的政治集会。

因为清廷驻东京使馆请求日本政府出面干预，这一前所未有的纪念会流产了。孙文带了十多个华侨从横滨赶来，进入精养轩吃了一顿，没有被警察拦阻。当天下午，他们在横滨永乐酒楼举办了纪念会，自然没有达到在上野公园公开纪念的效果。当晚，豪饮的章太炎喝了太多的酒，竟醉得回不了东京。

由他执笔的宣言书以古奥的文言沉痛陈词，却有几句近乎白话的呼吁：

> 愿吾滇人，无忘李定国。愿吾闽人，无忘郑成功。愿吾越人，无忘张煌言。愿吾桂人，无忘瞿式耜。愿吾楚人，无忘何腾蛟。愿吾辽人，无忘李成梁。

就是以明亡之际不愿臣服于满人铁骑之下的这些人为号召，他的排满言论在当时打动过不少人。

集会的前一天，东京牛込区警察署传唤纪念会的发起人，"长衣大袖，手摇羽扇"的章太炎如约前往，受到路人注目。警察与他之间于是有了这样一番问答：

> 问：你的籍贯为清国何处人？
> 答：余等皆支那人，非清国人。
> 问：出身士族乎？平民乎？

答：遗民。

他拒绝承认是清国人，给少年邹容的《革命军》所写的序言以"共和二千七百四十四年"纪年，直接推到公元前 841 年的"周召共和"，而邹容在《革命军》中标记的时间是"黄汉民族亡国后二百六十年"。1902 年自费留学东京，在同文书院就读的邹容还不到十八岁，已在构思《革命军》的初稿，呼唤"中华共和国"。

在东京，"由张继抱腰，邹容捧头，陈独秀挥剪"，剪掉弘文学院江南班监督姚文甫的辫子，闯了祸。鲁迅在《头发的故事》中写了一笔：

> 我出去留学，便剪掉了辫子，这并没有别的奥妙，只为他不太便当罢了。不料有几位辫子盘在头顶上的同学们便很厌恶我；监督也大怒，说要停了我的官费，送回中国去。

> 不几天，这位监督却自己被人剪去辫子逃走了。去剪的人们里面，一个便是做《革命军》的邹容，这人也因此不能再留学，回到上海来，后来死在西牢里。你也早忘却了罢？

周树人剪了辫子之后拍了一张照片，那首著名的《自题小像》便是写在这一照片的背后：

> 灵台无计逃神矢，风雨如磐暗故园。
> 寄意寒星荃不察，我以我血荐轩辕。

清廷驻日公使蔡钧说了一句："近来留学生之宗旨变坏，应推邹逆为祸首。"邹容年少，却引起了瞩目。关于他的《革命军》，后来鲁迅

鲁迅《自题小像》　　　　　　　　邹容的《革命军》

　　说过一句话："不独英雄式的名号而已，便是悲壮淋漓的诗文，也不过是纸片上的东西，于后来的武昌起义怕没有什么大关系。倘说影响，则别的千言万语，大概都抵不过浅近直截的'革命军马前卒邹容'所做的《革命军》。"

　　1903 年，章太炎和邹容在上海入狱，被租界当局判刑，轰动一时。章氏在《驳康有为论革命书》中那句："载湉小丑，不辨菽麦"，被当作他诋毁皇帝的把柄，却经不起他这个精通文字学的国学家反驳。那一刻，风吹枷锁满城香，他迎来了生命的巅峰时刻。也难怪，他一出监狱来到东京，有那么多留学生去参加欢迎会，听他余杭口音浓厚的冗长演说。

十二

1905 年 3 月 28 日，欣赏梁启超的前辈黄遵宪去世。他早年做过清廷驻日本使馆参赞，1887 年就完成了《日本国志》，可惜一直没有引起多少人的关注。他生前读《新民丛报》，盛赞梁氏文章："《清议报》胜《时务报》远矣，今之《新民丛报》又胜《清议报》百倍矣。惊心动魄，一字千金，人人笔下所无，却为人人意中所有，虽铁石人亦应感动，从古至今，文字之力之大，无过于此者矣。"

成千上万的年轻读者受到梁启超文章的感染。汪精卫初到东京，因仰慕梁启超，据说曾五次去《新民丛报》社拜访都不得见，心生怨意。

越南的志士对康有为、梁启超也都很仰慕，越南各地都能读到梁的著作，潘佩珠一到日本，就去找梁，多次与他畅谈国际大势，并在《新民丛报》发表文章，以后结集为《越南亡国史》。日本打败俄国让潘佩珠感到兴奋，"我们或许可以从此思索一个美丽的新世界"。

梁的思想一直在变化中，1902 年《新民丛报》问世后，他又办了《新小说》杂志，开始连载政治幻想小说《新中国未来记》，大胆想象未来的"大中华民主国"将于 1912 年出现，第一任总统罗在田（暗藏着光绪帝的姓名：爱新觉罗·载湉），第二任总统名为黄克强（取黄帝子孙自强自立之意），此时将来中华民国的开国元勋黄兴（克强）还在东京弘文学院读书，名为黄轸，只是巧合罢了。但《新中国未来记》中的黄克强并不主张革命，而是主张立宪的："今日我们总是设法联络一国的志士，操练一国的国民，等到做事之时，也只好临机应变做去，但非万不得已，总不轻容易向那破坏一条路走罢了。"

小说中的思想就是他在《新民丛报》那些文章中所传递的思想。比如一开头就说："诸君啊，须知一国所以成立，皆由民德、民智、民气三者具备，但民智还容易开发，民气还容易鼓励，独有民德一桩，最难养成。倘若无民德，则智气两者亦无从发达完满，就使有智，亦不过藉寇兵、赍盗粮；就使有气，亦不过一团客气，稍遇挫折便都消灭了。"这正是他在《新民说》等文章中反复表达的。讲述者孔觉民就是东京留学生，读了《新民丛报》第一号，不知不觉流下了眼泪。说了一句，"中国是亡定了，不亡于外国之凭陵，不亡于政府之顽旧，只是这四万万没心肝、没脑筋、没血性的人民，昏做一团，才是亡到尽头，一点法儿都没得想的呢？"这也是触发青年周树人思考国民性问题的来源之一。

1906 年 11 月，《民报》一周年纪念大会在神田的锦辉馆举行，至少有五千多人参加。宋教仁说散会时每人发《民报临时增刊》赠书券一枚，就发出了五千多枚，算上没有发券和未能入场的将近有万人。同盟会在东京达到了巅峰时刻。宋教仁感慨这是未有的盛会，"亦足见人心之趋向矣"。

当时，梁启超在写给康有为的信中就说：

> 革党现在东京占极大之势力，万余学生从之者过半。前此预备立宪诏下，其机稍息。及改革官制有名无实，其势益张，近且举国若狂矣。东京各省人皆有，彼播种于此间，而蔓延于内地，真腹心之大患，万不能轻视者也。

此时，《新民丛报》与《民报》的笔战还在继续之中，与梁启超对阵的汪精卫、胡汉民、朱执信、汪东等人，围绕着政治革命还是种族革命、革命的手段、革命有无不良后果、革命以后的建设等一系列问题，双方各持己见，发表了大量论战文章。自流亡日本以来，梁启超的思想有过几次变化，最初他已倾向革命，要跟孙文合作，被康有为坚决阻止。到 1904 年，他终于完全从革命转向立宪，一度非常沮丧，连写文章都提不起精神来。等《民报》创刊，笔战开始，他已恢复元气，以一个人一支笔和革命党阵营的集体笔阵对决。

梁启超在《新民丛报》连载的长文《开明专制论》指出："开明专制，实立宪之过度也，立宪之预备也。""一日不行开明专制，一日不行政治革命，则教育一日不普及，而人民一日不能得共和之程度。""共和之真精神，在自治秩序而富于公益心，国民心理而能如是者，则共和不期而自成。"

针对《民报》所说唤醒国民之责任，使之担负文明之权利义务，趋向共同之目的而为秩序之革命，梁启超认为："苟非法治国国民，无论何事，而必不能有秩序，况革命事业，其与秩序性质最难相容，虽以素有秩序之民行之，其骚扰混杂，犹常出意计之外，若以素无秩序之民行之，其危险宁更可思议耶！"如果贸然兴起革命军无非给了外国列强干涉的口实，召来瓜分之祸，"今日昌言起革命军者，其结果小之则自取灭亡，大之则灭亡中国，无损于满洲人之毫末。"因此，他在《暴动与外国干涉》一文主张："合全国民之力，从种种方面，用种种手段，以监督改良此政府，实坦坦平平之大路。"问题在于，当时的中国能走上这样坦坦平平的大路吗？

对于这场论战，近代史学者张朋园有一段很好的论述：

他们搬出了中外古今的学者为助阵者：霍布斯、卢梭、孟德斯鸠、斯宾塞、亚当士密、边沁、波伦哈克、伯伦知理，乃至瓦特、牛顿、马克斯都提到了。不过他们当时身在日本，受日本学者的影响最大，他们引出的佐证，大多是日本学者当时的论说，如笕克彦、穗积八束、美浓部达吉、小野塚喜平次等，同时都是双方的助阵者。他们择取有利于己说的部分，纳入论文中，以古人驳今人，以今人斥古人，让中外古今的学者在他们的文章里交战。两年余的《民报》与《新民丛报》，真是刀光剑影，厮杀得难解难分。往往动了感情，少不得互相谩骂几句，找一找对方的小叉子、小错误。有时也不免涉及人身的攻击。[1]

论战还在进行中，1906 年就有人化名"壁上客"，将双方的文章汇编刊行，题为《立宪论与革命论之激战》。第一代研究中国近代史的学者李剑农分析，为什么《民报》在这场论战中看起来占了上风——

一、就文字上说：梁启超的笔端固然"常带感情"，对方汪精卫的笔端却也常为感情所充满；梁若拉出什么"西儒"，什么法理学家来作护符，汪也可以拉出同样的护符来。……

二、就青年的心理说：大概青年是喜欢极端新的，喜欢突破现状，反对保守的。《民报》议论，在当时恰与此种心理相合，《新民丛报》到了乙巳以后，则与此相反。

三、就两方的议论思想上说：《民报》固守三民主义，前后颇能一贯；《新民丛报》，则以前鼓吹破坏，现在反对破坏，因时代而改观。在梁启超以为"报馆所以指导国民者应操此术"，但读者却认为这是反复无常，前后矛盾，纵有价值，也不知他的真价值到

---

1 张朋园《梁启超与清季革命》，中央研究院近代史研究所 1975 年，154 页。

底在前后的那一端，因此便减少了读者的信仰。……

　　四、就两方面所指陈的事象说：梁启超所描写革命共和的恶果，如内部必至自生分裂，彼此争权，乱无已时，未尝不与后来的事实有几分相符，但这些事实，在当时是未表现出来的事实，一般人看不见的；而《民报》所描写满清政府的坏现象，改革的敷衍，立宪的虚伪，排汉的险恶，都是当时确凿的事实，人人看见的；不惟革命党人以此向政府进攻，就是梁自己也常持此以攻击政府。青年的恒性，大抵是只看见现在的不好，对于将来的不好，一则未必看得定，二则相信将来的不好，自有将来的救济方法，断不肯因为将来的不好，就把现在的不好容忍过去了。

　　这番话可以说是持平之论，尤其肯定了梁启超所预言的革命共和可能带来的不良后果。革命后遗症在未来展开的历史中已得到验证，梁的担忧不是没有先见之明。

　　其实，梁本人并不想将这场笔战无休止地打下去。1907 年 1 月 10 日下午，宋教仁与徐佛苏见面时，徐告诉他："梁卓如（启超）于《民报》上见君文，欲一见君，且向与《民报》辩驳之事，亦出于不得已，苟可以调和，则愿不如是也。《民报》动则斥其保皇，实则卓如已改变方针，其保皇会已改为国民宪政会矣，君可与《民报》社

《新民丛报》

相商，以后和平发言，不互相攻击，可乎？"第二天，他跟章太炎说起此事，章表示可以调和。正好孙文在东京，他又去见孙，跟孙和胡汉民说了此事，他们则不以为然。

此后，徐佛苏、蒋智由又去找了章太炎，再次提出梁启超想要言和的意思。因为黄兴不许，此事就此作罢。

等到这年下半年，《新民丛报》在出了96期之后停刊，笔战也就自然告一段落了。双方的持论虽不同，甚至对立，但重造中国的用心则是一样的，只是路线不同而已。历史是合力的结果，辛亥革命正是梁启超所谓"激烈温和两派人士之心力所协同构成"。若论影响，梁启超和《新民丛报》的影响更大，也更为持久。

十三

1907年7月6日，浙江绍兴人、光复会重要领袖徐锡麟在安庆巡警学堂监督任上刺杀安徽巡抚恩铭，被挖了心，给恩铭的亲兵炒食净尽。随后，主持绍兴大通学堂的秋瑾被捕，证供两无，只留下一句"秋风秋雨愁煞人"的绝命词，于7月15日被杀。秋瑾在东京，与很多留学生认识，在反对"取缔规则"运动中曾风头十足。

消息传到东京，在留日学生尤其浙江籍学生中引起了小小的震动——

照例还有一个同乡会，吊烈士，骂满洲；此后便有人主张打电报到北京，痛斥满政府的无人道。（鲁迅《范爱农》）

徐锡麟被杀一个月后，翰林院侍读学士、日讲起居注官周爰诹8月8日上了一道奏折，建议："东洋卒业生，宜暂停考试也……今徐逆既出于东洋留学生，似此后由日本卒业者，宜概令先回乡里，补习中学，三年后由本籍取具切实保结，送部考试"。徐锡麟第一次到东京是1903年，并没有在这里留学，但确实在东京萌生了排满革命之志，在这里结交了陶成章、龚宝铨等人，以后又认识了秋瑾。他们都是光复会的主干。

周爰诹不明实情，以为徐锡麟是留日学生，所以这道《学务关系重要，凡宜厘定整顿折》第一条建议就是尽快撤回东洋留学生：

> 东洋留学生急宜尽撤回也。人知排满邪说，起于留学生，而不知实受煽惑于倭也。盖日本居心久欲吞噬中国，而自知其力量不足，则专以排满之说离间中国，欲使中国自乱，而彼因以利。从前犹阴施毒计，今则明目张胆，日日于讲堂宣演。查各省官费生二千余人，岁需约二百万元，私费更加十倍。掷不赀之财，以招未有之乱，诚可痛心。今急撤回官费生，腾出此款，于内地设舍延师，其何功不成哉？[1]

与宋教仁关系密切的日本人北一辉认为东京盛行"排满兴汉学"。数年以来，清廷内部一直有人建议撤回留学生。这次经过会议政务处、学部两个半月的反复论证，最后否决了撤回留学生的建议。由军机大臣奕劻领衔递交《为遵旨会议翰林院侍读周爰诹奏请整顿学务折》：

> ……中国论学，于人伦道德，最所注意。其余专门各科学，向

1　转自孔祥吉《惊雷十年梦未醒》，394—395页。

时士大夫以为曲艺小道，不屑讲求，故实业反逊于外人。处此竞争之时，不能不遣留学东西洋者，势也。顾留学西洋其费不赀，所以留学东洋为节省经费起见。其官费生由各省遴选资遣，尚多谨饬之士。而自费者，纷纷前往，人数尤众。其中浮薄少年，学无根柢，不免务于新奇，惑于邪说，至有悖逆之词。惟应饬令驻使、监督，随时访查劝导，渐除恶习，其宗旨纯正，有志劬学者，亦颇不乏人，未可一概而论。若昔筹资遣，今遽撤回，事实必不能行，办理诸多窒碍。

这是清廷高层众多亲王和大臣讨论、博弈的结果，向日本派遣留学生的政策还在继续，虽然人数已呈下降趋势——

1907 年，留日学生人数为 6797 人，1908 年为 5217 人，1909 年为 5266 人，1910 年为 3979 人，1911 年为 3328 人。

十四

此时，同盟会内部已出现裂痕，徐锡麟受审时，问及他是否受孙文指使，他傲然回答："我和孙的宗旨不同，他不配指挥我行刺。"

先是黄兴因与孙文在国旗图案的分歧等，想退出同盟会。

1907 年 2 月 28 日晚上，代理庶务干事的宋教仁在民报社见到黄兴，提出辞职。黄兴没有回应，良久，忽然对宋教仁说，他要退会，断绝关系。起因是孙文提出以青天白日旗为未来的国旗，黄兴认为不好，主张井字旗。孙固执不改，还厉声说："仆在南洋，托命于是旗者数万人，欲毁之，先摈仆可也。"黄兴怒而要退会，在场的众人都劝他。

宋教仁对孙文虽谈不上崇拜，从 1905 年 7 月第一次见面以来，常有往来，由宫崎滔天《三十三年落花梦》摘译的中文版《孙逸仙传》，他也帮忙修改。但他心目中的孙文已是一个"专制跋扈"的形象。他在日记中说，黄兴不快的原因不仅是国旗图案的分歧，"其远者当另有一种不可推测之恶感情渐积于心，以致借是而发，实则此犹小问题。盖□□素日不能开诚布公，虚心坦怀以待人，作事近于专制跋扈，有令人难堪处故也。"最后还是黄兴退让，跟胡汉民说："名不必自我成，功不必自我立，其次亦功成而不居。先生（孙文）何定须执着第一次起义之旗？然余今为党与大局，已勉强从先生意耳。"

6 月，章太炎、陶成章等在东京发起第一次倒孙风潮。先是 3 月 4 日孙文离开日本前将所得赠款只给《民报》两千日元。章太炎愤而将挂在《民报》社墙上的孙中山照片取下来，寄给同盟会香港分会，附言说："出卖《民报》之孙文，应即撕去。"

6 月 17 日，孙准备再次在广东起事，派日本人萱野长知定购落伍的快枪，章太炎、张继、陶成章、谭人凤、宋教仁等群起反对，导致购械不成。他们要求刘揆一（代理庶务干事）召开特别会议，罢免孙文的总理职务，另选黄兴。此事因黄兴坚决反对而作罢。

焦达峰、孙武、张百祥、刘公、吴玉章等人对同盟会的路线不满，孙、黄又经常不在东京，年轻的宋教仁威望不够。他们仿照会党开山立堂的办法，结合三合会、哥老会、三点会等旧式的帮会，歃血为盟，当年 8 月 18 日，在东京另组共进会，想要造成一个有实力的团体。

此时离同盟会成立还不到两年，内部已出现种种裂痕。

黄兴总是冲锋陷阵，处在武装革命第一线，这就是世人所传的"孙氏理想，黄氏实行"。

1908 年夏天，他从越南回到东京，力劝焦达峰他们不可反文明而野蛮。当时黄兴还说了一句："如是革命有二统，将谁为正？"焦达峰回答："兵未起，何急也？异日公功盛，我们附公。我功盛，公亦当附我。"

（四年后直接策动武昌起义的就是共进会和文学社，孙武成为重要角色，焦达峰也在湖南起事，并担任了湖南都督，很快在兵变中被杀。）

梁启超大为欣喜，7 月 17 日写信给康有为：

> 革命党之势力，在东京既已销声匿迹，《民报》社各人互相嗤啮，团体全散，至于并报而不能出，全学界人亦无复为彼所蛊惑者……孙文亦被逐出境，今巢穴已破，吾党全收肃清克复之功，自今以往，决不复能为患矣。吾党今后但以全力对待政府，不必复有后顾之忧。

此时已是预备立宪时代，10 月 17 日，梁启超、蒋智由、徐佛苏等人在日本发起成立政闻社。此前，本来打算与杨度合作。他们从 1906 年冬天以来就开始筹备成立宪政会，只是名称还没有确定。

杨度此人有才气，曾被选为中国留学生会的会长，但自视太高。1905 年夏天孙文来东京，听说他在留学生中影响大，与他谈了三天三夜，想说服他，无效。相隔两年，他与梁启超的合作也终于不成。

他在东京和熊范舆等另办了《中国新报》，后又成立宪政讲习会，以熊为会长，这是宪政公会的前身。

徐佛苏说政闻社有会员约一千五百多人，都是留学生，在东京锦辉馆开成立会时，张继、陶成章、金刚等同盟会人也进了会场。梁启超登台演讲，说到"今朝廷下诏刻期立宪，诸君子宜欢呼踊跃"，张继用日语厉声叱之："马鹿。"并站起来喊了一声："打。"一批人往台上涌去，有人还拿草鞋打中了梁启超，会场一片混乱，惊动了日本警察。梁担心中国人因政见不同而导致被外国警察传讯，不想将事情闹大，引起非议，将警察应付走了。

十五

对于预备立宪，梁启超、杨度他们是心存希望的。宋教仁却向来不以为然，1906 年 10 月 8 日，在日记中详细写下他的想法：

> 清政府立宪之预备，先在改革官制，现在官制已经决定，其中首一条云："总理大臣之任，以皇族充之（下略）。"第三条云："设立上议院，其议员以皇族、贵族及三品以上官为之，下议院则俟民智开发之日，或十年或十五年之后乃设立之。"吾观至此，吾乃益信政府之不能开明专制与立宪也。总理大臣世界各国有定以皇族为之之宪法乎？况满清之皇族普通知识皆未有一，甚者则至于不通汉文，游荡淫乱，何能执政权乎！彼等不识外交如何下手，内政如何下手，实业如何下手，教育如何下手，兵备如何下手，理财如何下手，皆长安轻薄儿而已，纵其中未尝无一二人差强者，然以较之汉人，其优劣为何如乎？永世以此辈总国权，则永世无刷新之一日，且较之以前旧制人多职分犹不如耳，何有于立宪哉！

从外交、内政、实业、教育到兵备方方面面，那些满清皇族亲贵，宋教仁眼中的"长安轻薄儿"确实无从下手。当时他因脑病正在住院治疗，想起自己年纪轻轻就得了此病，"更觉独自无聊，心中悲感又起，以为若我终身患此病，则我将来必为无用之人，若因此病而殒，则更不能尽力于祖国，平生所立之志，皆成梦想。"他又感慨没有几个人真的与自己志同道合，在病中心情也不好，"想及此，涕泗横流，心如刀割。"

他虽年轻，但在东京的革命党人中，对于西方制度的了解要多一些，他执笔翻译的各国制度要览等，虽也不过是常识，却远胜于同时代的一般人。对于清廷立宪，仅从官制改革这一点，他就判断这是推行真正专制主义之策，而不是实行立宪的明证。"噫，今而后吾乃益知政府之不能开明专制与立宪矣；今而后吾乃益知异族的政府虽能开明专制与立宪，亦吾国民之不利矣！今而后吾乃益知民族的革命与政治的革命不可不行于中国矣！"

这和梁启超的想法是不同的。

日俄战争之后，清廷高层的一些人目睹日本战胜俄国，也想走立宪强国的路。在端方等人推动下，慈禧太后决定派五大臣出国考察宪政。戴鸿慈、端方递交的奏折中就有通缉犯梁启超代笔的《请定国是以安大计折》《请改定官制以为预备立宪折》等。在流亡日本初期，梁启超一度热衷于"破坏主义"，甚至跟孙文达成过合作意向，此时已完全进入君主立宪这一轨道。

梁启超之所以对预备立宪抱有乐观的期待，与他本人代笔起草了这些折子有关。正是在《请定国是以安大计折》中奏请："明降谕旨，宣示天下，以定国是，约于十五年至二十年颁布宪法，召议员，开国会，实行一切立宪制度。"

清廷下达预备立宪诏书是在 1906 年 9 月 1 日，这些由他代笔的奏折显然影响过这一安排。

他在写给蒋智由的信中说："今夕见号外，知立宪明诏已颁，从此政治革命问题，可告一段落。此后所当研究者，即在此过渡时代之条理如何。"

很快徐佛苏就和宋教仁一样发现了清廷所谓的官制改革没有任何改变，"政界事反动复反动，竭数月之改革，迄今仍是本来面目。"他为梁启超空费心血而抱屈："公一腔热血，空洒云天，诚伤心事也。"但梁启超没有死心，仍致力于在体制外推动立宪进程。当时他正在跟《民报》进行论战，满汉种族问题就是论战的焦点之一。他在写给两江总督端方的信中说："今日启超等所自认为不可辞之天职者，只在劝告汉人，使勿为排满之愚举，以召亡国也。然此种言论之能有效与否，全以满人是否有执排汉之政策。……举国对于政府前途之希望如海，其不平之心自消，渐收举国一致之效，中国之转危为安，犹反掌也。"他说自己流亡七年，无一刻忘记祖国。

梁启超与端方他们之间的联系人是熊希龄，常往来于日本。

预备立宪诏书下达之后，咨议局、资政院诞生，昔日在东京学法政的留日学生，比如雷奋、杨廷栋等都浮出水面，开始发挥重要作用。如果这个进程没有被革命打断，梁启超们所期待君主立宪的路也并不是一定走不通。

只是满清皇族的气量太窄，当不起这样的历史大任。

梁启超他们的政闻社从东京迁到上海，到1908年8月就被清廷查禁了。

十六

1908 年 3 月，21 岁的蒋介石第二次来到东京。这次是作为官费留学生来学陆军的。自 1906 年冬天回国，次年春天他考入了保定的"通国陆军速成学堂"，一年后，被选派到东京振武学校。这是成城学校之后为中国学生升入士官学校作预备教育的一所学校。在振武学校入学之初，他曾写了一首七绝，寄给故乡的亲戚单维则：

> 腾腾杀气满全球，力不如人且肯休。
> 光我神洲完我责，东来志岂在封侯。

诗虽写得不好，但他对此念念不忘，相隔半个多世纪，他将这首诗抄在日记中时，还做了一点修改：

> 腾腾杀气满全球，力不如人心不休。
> 誓复河山雪国耻，东来志岂在封侯。

振武学校的科目设置相当于高二程度，军事课程分学科和术科，普通课程中日语占的比重最大，此外有史地、数学、理化、博物、图画。台湾学者黄自进分析："912 小时的数学课程，300 小时的理化课程，104小时的博物课程等，应是蒋介石接受现代科技文明洗礼的契机。"他在这里所受的中学程度的理科教育和人文教育将成为他未来判断世局、应对政事的基础。

当时他们使用的地理教科书是日本矢津昌永的《新撰外国地理》和《新撰中地文学》，黄自进研究了《新撰外国地理》：

> "个性温和、吃苦耐劳、崇尚节俭。善于营利"，是作者矢津昌永对中国民族的总评；"物产丰富、矿产无限"，是矢津对中国物质资源的解析；"女子缠足，男子嗜吸鸦片"，则是作者认为当前中国民族的危机所在。"中国工艺，曾傲视全球，但不追求改进。中国曾筑长城、开运河，但这种气魄只能在历史中求得，现在的中国，乏善可陈"，均是矢津的观点。
>
> 前揭教材对现在中国的批评，尤其是"乏善可陈"四字，蒋介石不一定同意，但想必感到锥心之痛。尤其是，教材中特意登载一幅中国女子画像，画下另附三幅小图，一幅是缠足后的小脚外观，一幅是去除缠脚布以后的小脚形状，最后一幅是缠足小脚的骨骼变形图。这种图像，任何人看了都会毛骨悚然，蒋介石想必也不会例外。[1]

地理、历史课本上的知识、论断都将化为蒋介石生命的一部分，那些粗浅的常识带着当时日本人对世界的见解，不一定正确，却成为他认识和理解世界的起点。1910年11月，他在振武学校毕业，平均成绩68分，在同一期62名毕业生中排在第55名，算是倒数的。他的同学张群平均成绩95分，名列第二。随后，他被分到野战炮兵第十九联队，实习一年。如果没有意外，实习结束，他将进入士官学校继续学习。

1　黄自进《蒋介石与日本》，中央研究院近代史研究所2013年，18—19页。

蒋介石与张群

这一年的军队历练，对他一生产生了极为深刻的影响。哪怕是下雪天，也是早晨五点以前起床，洗脸之后就去马厩擦马一小时，将马浑身擦热，自己的身上和手足也发热甚至流汗了。"这是我平生最大的学业。到如今仍觉以苦为乐、不惧艰险的精神，自认为完全得力于此。"他回忆这些往事时，作为最高军事统帅，正在领导抗日战争。[1]

他很少提及振武学校，但对这一年的士兵生涯，却不断追述："纪律的拘束，和生活的单调，干燥无味，使我当时感觉得太不合理了。但是我今天回忆起来，我平生生活之能够简单，工作之能够有恒，四十年如一日，确是由于这一年士兵生活的训练所奠立的基础。"[2]

1934年在围剿红军的戎马间隙，他在南昌发起"新生活运动"，倡导"整齐、清洁、简单、朴素"，"使全国国民的生活能够彻底军事化"。这无疑是想将他年轻时在日本的有限经验移植到治理国家上面。他说起冷水洗脸——

---

1 1944年1月10日《对从军学生学生训话》，转引自黄自进《蒋介石与日本》，中央研究院近代史研究所2013年，26页。

2 1946年6月3日《对全国青年远征军退伍士兵广播词》，转引自黄自进《蒋介石与日本》，27页。

日本人全国上下无论什么人早晚一定冷水洗脸，全国已成为一种普遍的习惯，如果有人不如此，旁的人一定目为野蛮，不爱国。我们晓得：常常洗冷水脸，可以使人精神奋发，头脑清醒，又可以使人皮肤强健，不受风寒，还有最要紧的，不致耽误时间。别看这个习惯，事情虽小，益处却极大……

到底他是哪一年加入同盟会的，他自己的说法前后矛盾。当然，作为一个无足轻重的小青年，这几乎无关紧要。在东京的岁月，同盟会内外，也没有人会在意这个当时叫"蒋志清"的人。

历史是一个缓缓展开的过程，就像周树人在东京，也没有人会与未来的"民族魂"联系在一起。

1908 年 4 月，周树人和许寿裳、周作人等五人租住在本乡西片町十番地口 7 号，这是日本作家夏目漱石住过的房子，取名为"伍舍"。他们动手在院子里种花草，特别是朝颜，也就是牵牛花，晨昏陪着他们。他在这里翻译、写文章——

常常是静悄悄的屋子里，灯芯吸油的声音和着秋虫唧唧，融汇在一起，而这位翻译家沉浸在仿佛是世界尽头的艺术世界里，心头闪烁着微光，但是他没有在睥睨俗众或是孤独地幻想，而是为文艺的灯火深深吸引，非常理性地向着人类精神高地探索与开掘。[1]

这些用文言文翻译的作品在东京的中文读者中并没有激起什么回响。他们想办的《新生》杂志最终也流产了。《域外小说集》第一集、

---

1 姜新异《究竟是青春：鲁迅的留日七年》，河北教育出版社 2024 年，108 页。

第二集都只卖出了二十来册。他为此而灰心过，知道自己不是登高一呼、应者云集的英雄，他的时代还没有到来，他还需要等待。

十七

1909 年冬天，汪精卫已准备北上刺杀摄政王载沣。除了他，同谋者还有六人，其中五人都是东京的留学生，方君瑛，福建人，在东京高等师范卒业，同盟会暗杀部部长；曾醒，福州人，在日本女子医学肄业；黎仲实，广州人，留日学生；黄复生，四川人，在东京研究印刷术；喻培伦，四川人，就读于千叶医学专门学校。他们在东京组织了一个暗杀小组。

汪精卫曾在秘密印刷的《民报》上发表过《革命之趋势》和《革命之决心》等文。临行前，他将这几篇文章缝在衣服中。1910 年 4 月 16 日，刺杀行动失败，他在北京被捕之时，就被搜出来了。审问时，问及为什么要带上这些文章？他的回答是："这些文章从前用墨写成，今则想以血写之。"他没有想到此行还能生还，所以反而从容。

汪在出发之前，就已抱定必死之心。这一点他在《民报》第 26 号以"守约"这个笔名发表的《革命之决心》一文说得清楚，最后他以釜、薪为喻：

> 是故不畏死之勇，德之烈者也，不惮烦之勇，德之贞者也。二者之用，各有所宜，譬之炊米为饭，盛之以釜，热之以薪，薪之始燃，其光熊熊，转瞬之间，即成煨烬；然体质虽灭，而热力涨发，成饭之要素也。釜之为用，水不能蚀，火不能镕，水火交煎逼，曾

不少变其质，以至于成饭，其熬煎之苦至矣，斯亦成饭之要素也。呜呼！革命党人将以身为薪乎，抑以身为釜乎？亦各就其性之所近者，以各尽所能而已。革命之效果，譬则饭也。待革命以苏其困之四万万人，譬则啼饥而待哺者也。革命党人以身为薪，或以身为釜，俟饭之熟，请四万万人共飨之。

在薪、釜之间，他甘愿为薪，化为灰烬。在狱中他还写过一首诗《见人析车轮为薪，为作此歌》，就是以作薪为荣：

……

君看掷向红炉中，火光如血摇熊熊。

待得蒸腾荐新稻，要使苍生同一饱。

北上前夕，他给胡汉民的血书只有八个字："我今为薪，兄当为釜。"此前胡汉民写信力劝他不要走暗杀这条路，他回信说："……譬如煮饭，当热之以薪，薪尽而饭熟，若吝薪则何由有饭乎？……若谓今非可死之时，弟非可遽死之人，则未知何时始为可死之时，而吾党孰为可死之人也。"他为薪的决心已定。

他在写给孙文的信中，直言同盟会分裂的危机：

盖此时团体溃裂已甚，非口实所可弥缝，非手段所可挽回，要在吾辈努力为事实之进行，则灰心者复归于热，怀疑者复归于信，此非臆测之言，前事可征也。……然则今后吾辈复有事实之进行，著于天下，则彼等愧怍之不暇，更有何法以惑人。弟等之为此事，目的在破敌，而非在于靖内变也。所以靖内变之道，亦不外于此。……先生谓弟死后，太炎等又不知如何舞文，此言弟亦虑及。小人之为不善，无所不至，不能保其不为此卑陋之行，故弟草遗南洋同志书，存展兄（胡汉民）处。弟事发后，即为登之《中兴报》，以杜彼辈之舞文也。

此前，章太炎、陶成章等发起第二次倒孙风潮，除了发布《孙文罪状》，章太炎还刊印了一份散发到南洋、美洲等地的传单《伪＜民报＞检举状》，就是指汪精卫秘密编印的那两期《民报》："昔之《民报》为革命党所集成，今之《民报》为孙文、汪精卫所私有，岂欲申明大义，振起顽聋，实以掩从前之诈伪，便数子之私图。"

汪精卫在留别南洋同志书中表达了但求一死之心：

> 今者将赴北京，此行无论事之成否，皆必无生还之望。……然死者长已矣，至于生者，因将来革命之风潮日高，而其所负之责任亦日重，其劳瘁苦况，必有十倍于今日者。……弟虽流血于菜市街头，犹张目以望革命军之入都门也……

当时，连梁启超都嘲笑他们是"远距离的革命家"。他决心到"清廷根本之地，为非常之举，以振奋天下之人心"，也是在革命屡遭挫折之际的选择。

对于章太炎的发难，黄兴是不同意的。他于 1909 年 11 月 7 日写给孙文的信中明确说："弟与精卫等商量，亦不必与之计较，将来只在《民报》上登一彼为神经病之人，疯人呓语，自不可信，且有识者亦已责彼无余地也。总观陶、章前后之所为，势将无可调和。然在我等以大度包之，将亦不失众望，不知公之见意若何也。"

1910 年 5 月 13 日，黄兴给孙文的长信中详细陈述他和赵声商量的计划，其中特别提到人才问题：

　　组织总机关之人材，弟意必多求之各省同志中，以为将来调和省界之计。一有款，弟拟去日本招求已归内地之同志（有胆识者）来日会议后，分遣担任赴内地运动各事。其智识卓绝或不能回内地者，则留驻日本，或招来港中，为组织总机关之人员。

接下来列举的名单包括孙毓筠、杨笃生、蔡元培、吴稚晖、景梅久、黄侃、李肇甫、左仲远、龚超、张通典、刘揆一、宋教仁、商震、丁惟芬、于右任、章梓等。

这年 6 月 15 日，孙文在离日三年后，悄悄从檀香山来到东京，住在小石川区原町三十一番地的宫崎寅藏家。黄兴和赵声也赶到东京会面。

当时宋教仁在东京意气消沉，年长的谭人凤极力劝慰他。宋教仁与孙文面谈了两次，都是不欢而散。他们希望重新恢复同盟会本部的正常运作，孙不以为然。孙甚至说："同盟会已取消矣，有力者尽可独树一帜。"宋问为什么，孙的回答是："经费由我筹集，党员无过问之权，何得执以抨击？"

日本人北一辉在《支那革命外史》中也说孙、宋的会面颇为冷淡。第二次会面时在场的谭人凤比孙年长，都看不下去了。组织同盟会中部总会的计划就开始于此时。

当时同盟会策划的第七次武装起义也就是广州新军起义流产。几位非广东籍的同盟会重要干才回到东京，包括福建的林文、江苏的赵声等，聚集在宋教仁的住处寒香园讨论未来起事的可能地点。林文提出："广东地点虽好，办事人实难相与有成。闽、浙又绝非发难地，奈何？"赵声提议选长江流域作为将来发难的中心。林文和谭人凤都表示同意，得到在东京的同盟会其他各省分会长支持，着手筹建长江流域的同盟会组织，这就是后来宋教仁、陈其美、谭人凤等在上海成立的同盟会中部总会缘起。谭人凤曾对湖北党人说："因为孙、黄都已离开东京，会内无人主持，形同虚设。上海交通便利，组织这个机关，等于把东京同盟会搬到上海。"

谭人凤受众人之托到香港向黄兴、胡汉民说明他们的计划，胡汉民认为不切实际，黄兴同情他们，只是没有经费可以支持他们。

孙文在南洋和美洲的华侨中却已放弃同盟会的旗帜，另称中华革命党。

十八

同盟会成立之后，因远离武装起义的现场，加上缺乏募款的条件，东京更像是一个休养生息的大后方。

经费匮乏，同盟会东京本部早已难以运转，形同涣散。陆续翻译过许多国家政治制度要览、对于代议制民主有一定认识的宋教仁，即将返回中国。

北一辉说："由于鄙人与宋君比较亲近，鄙人亲眼见到宋君的思想在数年间有彻底的转变，堪称质的飞跃，他终于走上了革命运动的正道。"他们第一次见面是在 1907 年夏天，由张继带宋教仁造访。北一辉说，"随着相交日深，鄙人十分欣赏他的组织头脑和苏秦张仪式的才干。宋君具备作为冷静不惑的国家主义者而应有的法律素养，足以担当组织集团的大任。"

在东京极端困难的处境下，宋教仁也确实充分发挥了他卓越的组织才能。在东京的革命党人中，像他这样还在暗杀、暴动阶段就在思考革命之后的建设问题，并组织同志进行相关讨论的，可以说绝无仅有。他在早稻田大学预科毕业之后，未再深造，但无论对西方政制的理解，还是实际的政治操作能力，他在革命和立宪阵营中都罕有敌手。东京的警察也常在情报中提及他，对于孙文，他不再有什么敬意，认为孙已是落后于时代的人物。

黄花岗死难烈士中有不少东京留学生，著名的如24岁的林觉民，以一封《与妻书》流传青史，他被捕之后，在广东水师提督衙门受审，问及："尔为孙文党羽耶？"他回答："我乃堂堂一男子，难道像你们一样甘愿阿附谁谁个人吗？孙某虽是党魁，但这不是固定的，几年就会有一次改选，他如果称职，我们仍会举他为首，不称职就罢黜他……你们总是一言革命党便说是孙党，这是大诬极谬的蠢话。"他接着说："吾之起义，是为了行践我自己的志向，为什么把我看成个人党羽呢，我这次是和黄兴、林文等人一起举义的，孙某不曾参与其事。"[1]

事实上，他们也确与孙文感情不深，而与冲在第一线的黄兴更亲近。

林文，即林时爽，福建侯官人。他在法政大学的同学汪精卫说他是个美少年，两只眼睛很大，自号"狮眼儿"，其实不是，狮眼是圆的，他的两只眼睛大而长，比狮眼要好看得多。法政的同学们买参考书，比如山田良博士的国际私法、小野塚喜平次的政治学大纲等，都是精装本，黑皮封面，嵌着金字，大家都是郑重其事地插在书架上，小小翼翼地翻看，怕污损了。最初林文也是这样做，忽然有一天，他把所有的书都剥

1　转引自陈碧编著《林觉民：铁血柔情的黄花岗烈士》，福建人民出版社2017年，65页。

了封面。汪精卫感到很惊讶，他的回答是："顾得封面好看，便舍不得读，舍不得涂，不如剥去，省得顾惜。"汪翻了几本，果然乱涂乱抹，就笑着说："还好，如果没有涂抹，你的手掌心也要剥皮哩。"

辛亥三月三十日（或四月初一）晚间，与汪交情最好的狱卒刘一鸣悄悄告诉他广州起事、不少人遇难的消息，并设法带进一张报纸，误传胡汉民死事，他伤心已极，写了两首诗，其中有两句："凄绝昨夜灯影里，故人颜色渐模糊。"

而林文、喻培伦、李文甫、林觉民等确实牺牲了。

汪精卫说当时同志中论读书之聪敏细心，潜心科学，要数喻培伦第一。他最初制造炸药，只会什么水银炸药之类，一个不小心，把手炸坏了，半个手掌失去了活动能力，然后精益求精，甘油炸药、黄色炸药都能制造了，成为同盟会的炸弹专家。但他说："我只能制造，不能使用，是我神经不济，临时慌张，倒累了你们的事。"

确实如此，汪精卫说他一到实行的时候，面色发白，手足皆颤，不是怕死，而是太紧张了。本来他们一起到北京从事暗杀活动，等到炸弹布置好了，便让他回东京去。

结果汪精卫在北京被捕，他漏网了，没想到却牺牲在广州。

在广州"三二九"那一天，他是最勇敢的一个。黄兴后来告诉汪精卫，当那一天，他又沉着，又英猛，一点也没有面白手颤。[1]

1　汪精卫《故人故事》,《汪季新先生诗文集》, 441、440、442—443 页。

十九

武昌起义发生后，1911 年 11 月 21 日，翰林院学士恽毓鼎在日记中说："亡国三妖，一东洋留学生，一新军，一资政院咨议局。三妖之中，尤以第一种为诸魔之母。"

新军的各级军官和资政院、咨议局的议员中也不少东洋留学生。

几天之后，11 月 25 日他在日记中咒骂："此次乱事皆成于留学生，背负国家，荼毒生灵，天道犹存，此辈断难幸免。"

清廷于 1904 年颁布《选派陆军学生分班游学章程》之前，就向日本派出留学生学习陆军，1903 年有两百多人，到 1904 年达到 500 人，人数最多的一年是 1906 年，共派出 1600 多人。清廷选派年轻人到日本学陆军，充实到新军之中，当然是为了保卫他们的政权。

初到东京，他们往往会被安排在成城学校、振武学校接受预科教育，从这两个学校毕业的学生有 850 多人，然后经过日本军队实习，再进入陆军士官学校毕业的有 673 人。

陆军士官学校设在东京牛込区的市谷，中国留学生先后在这里走出的有铁良、吴禄贞、张绍曾、唐在礼、蒋雁行等 40 人（第一期）；良弼、蓝天蔚等 25 人（第二期）；蒋百里、蔡锷、蒋尊簋、张孝准、许崇智、吴光新、傅良佐等 95 人（第三期）；蒋作宾、方声涛等 83 人（第四期）；何成濬、陈仪等 58 人（第五期）；孙传芳、李根源、罗佩金、阎锡山、尹昌衡、刘存厚、孔庚、罗香亭、唐继尧、李烈钧、赵恒惕、程潜等 143 人（第六期）……

这个不完整的名单涵盖了清末民初许多名声显赫的军人，包括满人贵胄中的铁良、良弼。

武昌起义时，新军的各级军官、教练、将领中有大批留日士官生，在关键的时候抛弃了送他们到东京留学的朝廷。

参加同盟会的留日士官生中另有"丈夫团"的组织，武昌起义后在各地响应，起兵独立的许多人多为其中成员，这个名单包括唐继尧、阎锡山、程潜、李烈钧、尹昌衡、张凤翙、李根源、罗佩金、李书城、叶荃、黄郛等。1904年来到东京的李烈钧回忆，"丈夫团"最初只是士官生的小组织，与同盟会并无关系，由黄郛和他等几个人发起，黄郛慷慨激昂地说："满洲政府非我族类，其心必异，国人应起而推翻之，古人尝谓当仁不让。"又说："本校人数甚多，良莠不齐，应有严密组织小团体之必要。"很多人当即表示赞同，在讨论团体名称时，众人默然，黄郛笑着说："孟子不云乎？富贵不能淫，贫贱不能移，威武不能屈，此之谓大丈夫，我辈既以推翻满清为责任，必须具有不屈不挠之精神，不移不淫之毅力，革命乃克有济。"于是就叫"丈夫团"。

这是1907年孙文离开东京之后的事。李书城回忆，黄兴让参加了同盟会的士官生不要暴露，而以"丈夫团"作为他们的小团体，这与李烈钧的说法并不矛盾，黄兴只是肯定了他们的"丈夫团"。

黄郛字膺白，1880年生于浙江上虞，1905年从浙江武备学堂毕业，官费留学东京，进入振武学校，以后毕业于日本参谋本部所辖的陆地测量部。陈英士就读于上野的警监学校，他的哥哥陈蔼士则是日本陆军士官学校第一期毕业。武昌起义后，陈其美策动上海独立，出任沪军都督，黄郛为参谋长兼沪军第2师师长，蒋介石是他下属，他们三人成为换帖的"盟兄弟"。在民国早年，他先后出任过外交总长、教育总长、代总理、摄政内阁总理，在国民政府时期，曾任上海市长、外交部长、行政院驻北平政务整理委员会委员长等职。

1905 年 10 月 28 日，阎锡山由黄兴介绍，正式宣誓加入同盟会。与他一起入盟的有山西籍的温寿泉等人。1909 年，他从陆军士官学校毕业，回到山西，先任山西陆军学校教官，三个月后升为监督。为了实际掌握新军，他经过种种努力，出任山西陆军第一混成协第二标教练官（中校团附），一年后升为标统。他与同为留日士官生的赵戴文、温寿泉、南桂馨等发起山西军人俱乐部，以研究学术为名，暗中鼓动革命，又组织模范队，表面上是作为训练的表率，实际上是准备起义的骨干。在武昌起义十九天后，阎锡山、赵戴文等在太原发动起义，29 岁的阎锡山被推为山西都督。

在昆明策动起义的唐继尧等公推非同盟会员、非云南籍的蔡锷作为总指挥，也是出于公心，蔡锷的资历、威望、能力都是有目共睹的。

在各省出任都督的留日士官生比例相当高，陕西张凤翙、山西阎锡山、云南蔡锷、贵州唐继尧、江西李烈钧、四川尹昌衡、浙江蒋尊簋……这些人大多数都是同盟会和"丈夫团"的成员。

1884 年生于湖北的蒋作宾，1905 年在武昌文普通学堂毕业，官费留学日本，后入陆军士官学校。他联络了学习陆军的数十人，计划毕业回国之后，"脚踏实地，分途进行，掌握军权，以为革命准备"。他们分别在湖北、广西、云南、四川等省的新军中发展，担任了各级军官，他本人则在陆军部军制司担任科长，武昌起义前夕已当上司长，利用职权，到处安插有革命倾向的士官生。他则在北京汇总各方消息，暗中布局。

在各省咨议局选举中当选的议员，留日学生也占了相当比例，比如江苏的杨廷栋、雷奋是早稻田大学的，孟森、孟昭常是日本法政大学的，浙江的沈钧儒、陈时夏、陈敬弟、阮性存是日本法政大学的，褚辅成是日本东洋大学的，福建的林长民是早稻田大学的，湖北的汤化龙是日本法政大学的，山西的梁善济是日本法政大学的……

资政院的 98 名民选议员中，至少有三十人在东京留过学，日本法政大学出身的最多，其他有早稻田大学、弘文学院师范科的。其中孟昭常、雷奋等都是在国会请愿运动中出了名的人。钦选议员中也有一些留日学生，比如日本法政大学毕业汪荣宝、早稻田大学的陆宗舆等。

他们的立场并不相同，在清廷面临危机的时刻，各自的选择也有所不同，但东京接受的教育对于他们的选择确实产生了或大或小的影响。立宪，革命，那一刻也可以说是殊途同归。

与宋教仁交情颇深的日本人北一辉赶到上海，目睹出入于革命机关的几乎都是留日学生。当队伍集结起来，准备去攻打江南制造总局时，他发现他们穿的都是立领、铜扣的外衣，这些人几天前可能还在东京神田的公寓里。也因此留日学生穿的这一身衣服被看作是革命服。只能说日语的北一辉在这个人群中没有任何语言上的障碍。

武昌起义的消息传来，不仅在东京的章太炎他们纷纷回国。炮兵工学校、士官学校、野战炮兵第十九联队的中国留学生也有 26 人私自脱逃回国，其中蒋介石所在的野战炮兵第十九联队共有 62 名中国实习生，他和张群、陈星枢三个人立即束装回国。1911 年 11 月 8 日，日本陆军大臣石本新六致函外务大臣内田康哉，要求给他们"除队的处分"。

1912 年 1 月 1 日，中华民国南京临时政府诞生，内阁成员中有留日背景的占了极高比例，尤其是各部次长，包括陆军总长黄兴、外交总长王宠惠、陆军次长蒋作宾、司法次长吕志伊、财政次长王鸿猷、内务次长居正、教育次长景耀月、实业次长马君武，交通次长于右任虽未留学日本，但也到东京考察过报业。

按当时"总长取名，次长取实"的原则，次长大多数都是留日学生中的同盟会员。当然还有法制局长宋教仁，临时大总统府秘书长胡汉民，下面的秘书任鸿隽、张季鸾、吴玉章、雷铁崖这些人几乎都是东京回来的留学生。

孙文的就职宣言就是张季鸾起草的。1888年出生的张季鸾是陕西榆林人，1906年以官费留学东京，先后在东京经纬学堂、东京第一高等学校求学。1908年，他和陕西留日学生井勿幕、康心孚等一起办《夏声》杂志，出任编辑，并以"少白""一苇"等笔名发表文章。井勿幕几次劝他加入同盟会，他没有答应，他认为："做记者的人最好要超然于党派之外，这样，说话可以不受约束，宣传一种主张，也易于发挥自己的才能，更容易为广大读者所接受。"他的陕西同乡于右任称他"发愿终身作记者"。

在这期间，他认识了比他小一岁的东京帝国大学法科学生胡政之，他们都留心报业，最后以办报为毕生志业。经过多年历练，由另一位留日学生、银行家吴鼎昌出资，他们三人于1926年在天津盘下老牌的《大公报》，开创了中国报业的奇迹。

当他们在东京留学的时代，日本的报业已相当发达，1908年考察日本的王三让在《游东日记》中有这样的记录：

> 路见送报人驰走如风，腰悬铜铃，声铮铮聒耳，按门逐户，无或遗漏。其上流人之阅报者无论矣，即降而贫家儿女及拉人力车者，亦率皆手不择报，口喃喃若读状，推其原因，总由教育普及，读书识字之人多，故能使民智大开，人人有国家思想也。

张季鸾、胡政之耳濡目染，熟悉《朝日新闻》《读卖新闻》这类报纸的版面，接办《大公报》，心中自有尺度。"不党"、"不卖"、"不私"、"不盲"，这即是他们提倡并践行的光照中国报业史的"四不"方针。

二十

根据日本人佐藤三郎编辑的《民国之精华》所收《中华民国议员列传》，截止 1916 年，国会参众两院的 439 名议员中，有 183 人是留日学生，其中四位正副议长全是留日学生。

毕业于法政大学的学生很多，包括汤化龙、陈国祥、王茂材、王烈、尹宏庆、白常洁、田稔……这是个长长的名单，许多人的姓名已不大为人熟知。毕业于明治大学、弘文学院、中央大学、早稻田大学的也有不少，还有少数议员毕业于东京帝国大学。

早稻田大学历史馆的展览说明中提及，在民国初年第一次国会选举中，有 89 位早稻田的校友当选为众议院议员，其中 22 人是清国留学生部的毕业生，最广为人知的就是 1906 年预科毕业的宋教仁。湖南平江籍的议员李积芳毕业于早稻田大学政治经济科，他是共产党人李锐的父亲。

外国报纸曾发表评论：

> 东西洋留学青年，学实业者寥寥，大抵皆法政家，谋归国而得官。于是政党多，报馆多。无官者藉党而可得官；有官者因党而不失官；不得官者藉报以詈官；既得官者倚官而办报。政党也，报馆也，有谩骂者，有狐媚者，无非欲得官而言。[1]

---

1 《外人之共和观》，《民国经世文编》第 1 册，上海经世文编社 1914 年，47 页。

这番话虽也道出了某些实情，但没有指出，在民国早年活跃在政治舞台上的不仅是学法政的，还有大批学陆军的，这些人掌握了实际权力，包括后来崛起的蒋介石。学法政之外，学陆军是许多学生的选择。学实业的确实寥寥，开创了中国化学工业的范旭东、李烛尘，在留日学生中属于异数。

范旭东就是范锐，1883 年生于湖南，是范源濂的弟弟，1901 年，他 17 岁那年随哥哥到了东京，先后在清华学校、和歌山中学、冈山第六高等学堂就读，1908 年考入京都帝国大学学习应用化学。他在日本十年，与梁启超、黄兴、宋教仁等都有来往，最后立下了"工业救国"之志。

辛亥革命后他回到中国，1914 年在天津塘沽海边的不毛之地开办久大盐厂，从让中国人吃上精盐开始，再拓展到制碱工业，创办了永利碱厂。李烛尘也是湖南人，1912 年才到日本留学，在东京高等工业学校专攻电气化学，1918 年回国，应范旭东之邀，出任久大、永利的厂长。这两家企业与此后建立的黄海化学工业社一起，合称"永久黄"团体，他们一起将天津塘沽变成了中国化学工业的耶路撒冷。

湖南人蔡锷一心学陆军，终于如愿。连宋教仁初到东京，也想进士官学校，而不是学法政。

与杨昌济、陈天华等同时东渡日本的石陶钧回忆，到弘文学院安顿下来，一连几个月"挖达苦西""阿拉达"的念起来，慢慢的能看日文了——

> 每日努力学课之外，泛滥的涉猎关于文化、革命、科学、战史、战略等书，兴趣骤增，精神尤异常兴奋。……我不习陆军，谁

习？……好像我的习陆军与否，便直接影响到中国的存亡似的。[1]

他也如愿以偿，进入了陆军士官学校。

1889 年出生的欧阳予倩，1904 年到东京也想学陆军，先进了成城学校。他说：

> 到日本的时候，满心想学陆军，最羡慕的是日本兵裤子上的那条红线。在成城学校做制服的时候，我硬叫裁缝在我的裤子上加一条白线，以为不像兵也要像警察，那裁缝始终不听，当我小孩子，向我笑笑罢了。日本兵穿的鞋子，满底上都钉的是铁钉，鞋面的皮，其粗无比，我每从鞋铺走过，总想买一双，就比其余的同学高明些。但尽管如此，终竟因为眼睛有些近视，没有能进陆军学校，就是短衣镶边和大裤脚的海军学生制服——我最喜欢那个装束——也没法穿上。于是有人劝我学军医，便也可充准军人，但是也没有能达目的。[2]

他先后进了明治大学、早稻田大学，并投身戏剧，踏上了另外一条路。因为他在东京遇到了李叔同。

1905 年 8 月，26 岁的李叔同来到东京，正是同盟会诞生之际，但他的兴趣在艺术方面。初到东京，他就创办了《音乐小杂志》，接着办了《美术杂志》。1906 年 9 月，他考入上野的东京美术学校油画科，当时的学名为李哀。10 月 4 日，德富苏峰创办的《国民新闻》即以《清国人志于洋画》为题对他做了报道。在油画之外，他拉小提琴、写诗，

1　《六十年的我》，《湖南历史资料》1981 年第二辑。

2　欧阳予倩《自我演戏以来》，中国戏剧出版社 1959 年，7 页。

还组织了春柳社演艺部。

为了给国内赈灾募捐，1907 年 2 月，春柳社第一次演出《茶花女遗事》，李叔同穿上粉红色的西装，扮演茶花女。虽然欧阳予倩说他的扮相并不好，声音也不甚美，表情动作难免生硬些。而有日本人对他大为赞赏，认为演得非常好，化妆虽然简单了些，却完全是根据西洋风俗的。

作为中国第一个话剧社，春柳社在东京诞生。

欧阳予倩就是看了《茶花女遗事》加入春柳社的，1907 年 6 月他参与了《黑奴吁天录》的演出，也是作为戏剧家的他第一次粉墨登台。

在上野不忍池畔，李叔同做着瑰丽的艺术梦。有一次他和欧阳予倩约定早晨八点见面，欧阳迟到了，名片递进去，他推开楼窗，说："我和你约的是八点钟，可是你已经过了五分钟，我现在没有功夫了，我们改天再约罢。"说完一点头，关起窗门进去了。

李叔同对于音乐、油画、话剧都有开风气之功。三十九岁出家，以"弘一法师"知名于世。由他作词的《送别》传唱至今，曲谱却是源于 1907 年日本音乐家犬童球溪改编的一首歌，当时他正在东京。

第一个引入学堂乐歌，并使唱歌成为一门正式课程的沈心工，被李叔同誉为"吾国乐界开幕第一人"。1902 年春天，沈心工来到东京弘文学院，11 月发起"音乐讲习会"，向日本音乐家学习，并开始创作乐歌，不少旋律就直接借用了日本的歌曲。1903 年他回国之后，在上海南洋公学附小任教。

男儿第一志气高，年纪不妨小，哥哥弟弟手相招，来做兵队操。兵官拿着指挥刀，小兵放枪炮。龙旗一面飘飘，铜鼓咚咚咚敲。一操再操日日操，操到身体好。将来打仗立功劳，男儿志气高。

中国的第一首学堂乐歌《男儿第一志气高》就是他根据日本童谣《手戏》的曲调改编的。他编的几本《学校唱歌集》风行过一个时代，将一系列乐歌带给了中国的小学生。

毛泽东少年时代在湖南的小学读书，曾留学日本的音乐老师教过他们一首日本歌：

> 麻雀唱歌，夜莺跳舞，
>
> 春天里绿色的田野多可爱。
>
> 石榴花红，杨柳叶绿，
>
> 展现一幅新图画。

很多年后，他在延安的窑洞里还记得这首歌。当时正在抗日战争期间，他对美国记者斯诺说："在那个时候，我感觉到日本的美，我也从这歌曲中感觉到它对于战胜俄国的光荣和武功的发扬。"

进入民国，沈心工那首学堂乐歌《男儿第一志气高》的歌词改成了：

> 国民第一资格高，年纪无老小，讲求学问不辞劳，知识开通早。
>
> 敦品励行重节操，道德真紧要。体育功夫深造，体健身强脑力好，
>
> 共和程度一齐到，全球人称道。二十世纪我同胞，国民资格高。[1]

1　参考李太山《启蒙年代的歌声》，《读库0602》，同心出版社 2006 年 5 月。

二十一

1912 年元旦，中华民国在南京诞生。当年 11 月，梁启超终于回到中国，他在报界欢迎会上说："去秋武汉起义，不数月而国体丕变，成功之速，殆为中外古今所未有。"

想起昔日与革命派之间的论战，他说："此二派所用手段虽有不同，然何尝不相辅相成。……立宪派人不争国体而争政体，其对于国体主维持现状。"

宋教仁在同盟会中部总会成立时，就已明确"推覆清政府建设民主的立宪政体为主义"，在共和国体之下建设立宪政体，这是他和梁启超之间的共识。

民国初年，政党蜂起，出现了大大小小五百多个政党，"且一国政党之兴，只宜二大对峙，不宜小群分立"，两党轮流执政就是宋教仁他们的主张。

这年 8 月，在他极力推动下，由同盟会与统一共和党、国民公党、国民共进会、共和实进会合组国民党，要造成共和立宪国的政治中心势力。孙文虽被选为理事长，但他对这个发挥不了主导作用的新政党毫无兴趣，委托理事宋教仁代理理事长。

新组成的国民党主要活动分子中，有东京经历的占了相当比例，孙黄宋之外，理事中的张凤翙、王宠惠等，参议中的胡瑛、胡汉民、李烈钧、莫永贞、张继、孙毓筠、尹昌衡、马君武、景耀月、田桐、阎锡山等，总务部主任干事殷汝骊是早稻田大学毕业的，交际部主任干事李肇甫就读于明治大学，政事部主任干事谷钟秀就读于早稻田大学、汤漪则从庆应大学毕业再去美国留学，文事部主任干事彭允彝就读于早稻田大学，政务研究会主任干事张耀曾在东京帝国大学学法学……这些人大都与宋教仁更为亲近，理念上也相通。

辞去农林总长之后，宋教仁一心致力于造党。他意识到在推翻专制政体之后，更重要的就是建设立宪政体，以普通政党代替革命党，就是通过公开的选举竞争议会席位，他说得很清楚："我们要在国会里头，获得过半数以上的议席，进而在朝，就可以组成一党的责任内阁；退而在野，也可以严密的监督政府，使它有所惮而不敢妄为，应该为的，也使它有所惮而不敢不为。"

"议席"这个词来自日语，两党制，代议制，政党内阁，这些想法就是他在东京的岁月慢慢形成的。历史终于给了中国一个千载未有的机会，宋教仁他们可以用和平的方式，凭政见，不是凭武力，与政治对手对决。这是将一个古老民族带上政治文明新轨道的一次努力，这个昙花一现的瞬间也因此变得无比珍贵。

1913 年 3 月 20 日晚上，领导国民党在国会选举中获得多数席位的宋教仁，在上海闸北火车站准备北上时遭到暗杀，两天后离世。到底幕后主使是谁，迄今并无定论。正在日本访问的孙文认定是袁世凯主使，如何应对宋案，孙、黄兴发生分歧。最后仓促发动的"二次革命"，很快被袁世凯具有绝对优势的北洋军击溃。

孙、黄等民国缔造者再度亡命东京，孙文重组中华革命党，黄兴拒绝参加。1914 年 5 月 29 日，孙文给黄兴信中说得很直接，"二次革命"之失败，"全在不听我之号令耳"，强调自己要做真党魁，不做假党魁。当时，他在东京正好读了客居意大利的德国人密且儿关于政党社会学的一本书，大受启发，决心以德国社会民主党为样板，重组一个领袖有效控制、组织严密的革命党。这年 6 月、7 月，他在写给南洋华侨的信里，几次提到密且儿。

6 月 15 日，他在给陈新政和南洋同志的信中说：

> 意大利密且儿，作政党社会学，谓平民政治之精神最富之党派，其日常之事务，重要行动之准备实行，亦不能不听一人之命令。可见无论何党，未有不服从党魁之命令者，而况革命之际，当行军令，军令犹贵服从乎？是以此次重组革命党，首以服从命令为唯一之条件。凡入党者必自问甘愿服从文一人，毫无疑虑而后可。

他为中华革命党拟定的誓约就是："立誓人为救中国危亡，拯生民困苦，愿牺牲一己之生命自由权利，附从孙先生再举革命……从兹永守此约，至死不渝，如有二心，甘受极刑。"

《中华革命党总章》第十一、十二条将党员分为首义党员、协助党员、普通党员，等革命成功，分别为元勋公民、有功公民、先进公民。

此前，黄兴给他的回信中恳切陈词："若徒以人为治，慕袁氏之所为，窃恐功未成而人已攻其后，况更以权利相号召乎？数月来，弟之不能赞成先生者以此。"

6 月 23 日，中华革命党在东京开选举大会，选举孙文为总理，协理一职虚位以待黄兴。在此之前，早在 1913 年 9 月，孙文就已在东京吸收同志宣誓加入中华革命党。蒋介石是 10 月 29 日宣誓的，入党誓约排在 102 号。

不仅黄兴，包括李烈钧、柏文蔚、陈炯明、谭人凤、张继等都拒绝加入中华革命党。当年 8 月，李烈钧、李根源、熊克武、钮永建、陈炯明、邹鲁、程潜、谷钟秀、张耀曾、杨永泰等在东京另组了"欧事研究

孙文、黄兴等在民国初年

会"，黄兴一个月前已动身前往美国。

此时，陈其美成为孙文最重要的助手，蒋介石也开始有机会接近孙。这位默默无闻的振武学校毕业生，在低谷中渐渐浮出历史的水面。正是他在民国元年亲自参与暗杀了光复会领袖陶成章。为此，他曾暂避东京，于 1912 年 11 月 1 日创办《军声杂志》，一共出了四期，年底回到浙江奉化溪口老家。第二年 7 月，他在上海、南京参与"二次革命"，9 月 1 日流亡日本。

蒋介石第一次被孙文召见是在 1914 年 6 月 12 日，他的名字留在了日本外务省监视孙文动静的记录中。这一年他 27 岁，日本方面的情报也开始注意到这个年轻人。他往返于中日之间，在 8 月 16 日到 31 日逗留东京的半个月，有 13 天出现在与孙文会面的记录中，次数多达 24 次，其中有一天就见了四次面。当时，第一次世界大战已经发生，8 月 2 日，他完成了《上总理陈述欧战趋势并倒袁计划书》。

这年 10 月 20 日，日本外务省的文件中出现了有关蒋介石的情报：

> 目前在东京的革命党领袖陈其美，日前命同志蒋介石回国从事革命运动。蒋回国后，专以上海为据点筹措在浙江省杭州的起义活动。近日原本计划在杭州起事，几乎已近成熟之际，不料上述计划被北京政府察知，导致数日前当地同志十多人被捕，让此计划完全泡汤。

此次失败之后，他于年底回到东京，一度被孙文冷落，直到 1915 年 3 月 6 日才见到孙。此后，作为陈其美的亲信，他重新获得孙的信任，会面频繁。这段东京岁月，对于蒋介石一生至关重要。

为了打倒袁世凯，孙文迫切需要日本政府的支持。1914 年 5 月 11 日，他在写给第二次组阁的大隈重信那封密信中请求帮助：

> 支那可开放全国之市场以惠日本之工商，而日本不啻独占贸易上之利益。……使支那有关税自主固定之权，则当与日本关税同盟，日本之制造品销入支那者免税，支那原料输入日本者亦免税。支那之物产日益开发，即日本之工商业日益扩张。

他以英国得到印度从而成为世界第一强国为例，试图打动大隈，"支那则地大物博，而未有以发展之。今使日本无如英于印度设兵置守之劳与费，而得大市场于支那，利且倍之，所谓一跃而为世界之首雄者此也。"

这封信自曝光以来一直遭到物议。

1915 年底（或 1916 年初），孙文和日本陆军参谋总长上原勇作秘密会谈，要求日本支援中国革命，承诺"中国新政府可以东北三省满洲的特殊权益全部让予日本"。当时日本正式向袁世凯政府提出的"二十一条"也不过如此。

孙文在东京，通过陈其美、蒋介石他们在上海等地策划一些力不从心的军事行动，已不足以冲击袁世凯政权。

袁氏称帝遭到的狙击首先来自蔡锷，这位在东京投笔从戎的将军，以"所争者非胜利，乃四万万众人格也"这一壮语，在云南发起了武力反袁的护国之役。研究过中国革命史的东京帝国大学教授吉野作造在1916 年 3 月以来发表评论说，"革命不仅是武力的战争，也是思想的战争，只要这革命的思想不被磨灭，支那终究是青年支那党的天下。"他自造了"青年支那党"这个名词来称呼蔡锷他们所代表的反袁力量，而不是用"革命党"这个说法，因担心与孙文的"中华革命党"混淆。他认为，云南起义与中华革命党没有任何直接关连。[1] 包括蔡锷、唐继尧、李烈钧、罗佩金等在内，护国军的重要将校几乎都是昔日东京的陆军士官生。

云南起义，在短短几个月内引发的连锁反应，就是各省纷纷独立，袁世凯的皇帝梦做不成了。而蔡锷却已一病不起，再次来到日本，病殁于成全了他的这块土地上，身边陪他的是昔日和他一样在这儿学陆军的蒋百里、石陶钧。没有袁世凯的中国仍然不是一个理想的中国，为四万万国民争人格的蔡锷也成为绝响。

---

1 转引自黄自进《吉野作造对近代中国的认识与评价》，中央研究院近代史研究所 1995 年，70—71 页。

二十二

从 1902 年鲁迅、黄兴他们第一次来到东京，到民国诞生不足十年，从同盟会成立至此不过六年半，重造中国岂能如此轻而易举。鲁迅在《南腔北调集》序言中这样说：

> 见过辛亥革命，见过二次革命，见过袁世凯称帝、张勋复辟，看来看去，就看得怀疑起来，于是失望、颓唐得很了。

辛亥革命之后，试图在思想文化上重造中国的冲动也是在东京酝酿的。1914 年 4 月，章士钊在东京创办《甲寅》杂志，最初是个月刊，针对袁世凯的统治，发表过虎虎有生气的批评性言论。当时大有影响的记者黄远生"从提倡新文学入手"的思路最初也是发表于《甲寅》的一封来信。

同年 7 月，36 岁的陈独秀第五次来到东京，在雅典娜法语学校学法文，那时他生活窘迫，穷得只有一件汗衫，上面爬满了虱子。他开始协助章士钊办《甲寅》。也因此结识了同为编辑的高一涵，以及作者李大钊、易白沙等，李大钊当时在早稻田大学留学。

正是《甲寅》直接推动陈独秀创办了《新青年》，"五四"的浪潮就是这样一浪一浪卷过来的。在东京的长夜翻译《域外小说集》无人问津的鲁迅，终于等来了他的时代，如何在精神上将一个古老民族带进一个新的世界，一个吃人血馒头的愚昧人群有可能变成健全的国民吗？从东京开始的思考经过漫长岁月的酝酿、发芽，要长出枝叶来了。

那时候，中国的舞台上不仅有昔日东京的那些士官生，如今各地的都督、师长、旅长们，也不仅有国会里领薪水、举手投票的议员们，还有报馆的编辑记者、学校的老师，他们在各自的生活中做着不同的梦。早稻田大学清国留学生部的展览说明中说，他们中从事教育的最多，其中有毛泽东在湖南省立第一师范学校的老师汤增璧。汤是江西人，与鲁迅同岁，也是南京选派的官费留学生。

《新青年》作者群中曾经的东京留学生仍是主流，陈独秀、鲁迅、周作人、钱玄同、李大钊、高一涵、吴虞，只有少数像胡适这样的留美学生。

在教育部工作之余，北京绍兴会馆夜晚的灯光下，鲁迅将来自未庄、鲁镇的一个个卑微的小人物带到整个中文世界乃至域外操着各样语言的世界，人们不大会记得这就是当年在东京的那个年轻的周树人。此时，他在东京见过的同乡秋瑾、徐锡麟、陶成章、范爱农们都已死了，见过太多死亡的鲁迅，他的目光是冷静的，他像一团裹着火的冰，给人冷冷的感觉。他在历史的缝隙里读出了"吃人"二字，他洞见了中国变革之艰难——

> 可惜中国太难改变了，即使搬动一张桌子，改装一个火炉，几乎也要血；而且即使有了血，也未必一定能搬动，能改装。不是很大的鞭子打在背上，中国自己是不肯动弹的。

《阿Q正传》从1921年12月4日到1922年2月12日在北京《晨报副镌》连载，而阿Q这个形象的灵感可以追溯到十多年前鲁迅还在东京的那些日夜，他最爱看俄国作家果戈里的作品，还有波兰作家显克微支的短篇小说。文学研究者韩南发现《阿Q正传》受到了显克微支《胜利者巴泰克》和《炭笔素描》这两个短篇的启发。巴泰克是一个最富自我欺骗天分的波兰农民，正是"精神胜利法"的典型。"正传"这个词也可能受了《炭笔素描》"正当的传记"（properbiographies）启发。

在共和时代即将被枪毙的阿Q在供词上画押——

> 那手捏着笔却只是抖。于是那人替他将纸铺在地上，阿Q伏下去，使尽了平生的力气画圆圈。他生怕被人笑话，立志要画得圆，但这可恶的笔不但很沉重，并且不听话，刚刚一抖一抖的几乎要合缝，却又向外一耸，画成瓜子模样了。

阿Q画圆不成，成了瓜子。这真是神来一笔。

民国了，但也不过是个招牌，只是剪了辫子而已。人民普遍不知共和为何物。民国初年，连横从台湾到大陆漫游，在一个茶馆里听两个人闲话，一个年轻一点的说："前月公园开会，有人演说，谓今日为共和政体，我辈当知爱国，吾不知何谓共和？"老的说："共和者，大家和气之谓也。我闻宣统皇帝年幼，不能亲理政事，命袁宫保代办，故我辈须和气也。"他们既不知道已是民国，也不知道袁世凯是总统，连横感到惊讶。

1906年，东京出版的《民报》第三号发表胡汉民执笔的《民报之六大主义》，第二个主义就是"建设共和政体"，"吾人信今日支那国民之程度，不可以无政府"，但是君主专制政体已不适合，20世纪要创设新的政体，必须抛弃专制，之前中国的革命最终都没有什么良好的结果，就是因为没有改造政体，所以不仅要倾覆异族的政府，而且要结束数千年的君主专制政府。

同盟会在《革命方略》中指出："凡为国民，皆平等以有参政权。大总统由国民公举，议会以国民公举之议员构成之，制定中华民国宪法，人人共守。敢有帝制自为者，天下共击之。"

然而，何谓共和政体？直到民国诞生，举国上下，其实并没有多少人真正明白。

鲁迅在 1925 年 6 月 16 日完成的《杂忆》一文中带了一笔："所谓共和，也是美国法国式的共和，不是周召共和的共和。"

这年 3 月 31 日，他给许广平的信中说："最初的革命是排满，这是容易做到的，其次的改革是要国民改革自己的坏根性，于是就不肯了。所以此后最要紧的是改革国民性，否则，无论是专制，是共和，是什么什么，招牌虽换，货色照旧，全不行的。"

就在这个月 12 日，孙文在北京病故。第二天，《大阪朝日新闻》发表评论《孙文逝去——他的伟大唇舌之力》：

> 在日本，孙文拥有犬养毅、头山满等知己，对日本怀有强烈的憧憬，亡命日本时期更自称为中山，直到最近才改号为孙中山。虽然自诩革命家，其思想却带有极度浓厚的民族主义色彩，而为了拯救陷入列强殖民地状态的支那，孙文总是不断地宣扬其思想。据说，孙文之所以能成为一号人物，靠的就是他那超乎常人的吹牛技巧。在支那，不论是政治家、书生、劳工，还是女人、小孩，众人并不称他为"孙文"或是"孙逸仙"，而是"孙大炮"，这个绰号才是他响彻全中国的大名。孙文得以当上首任大总统，可以说完完全全就是靠此"大炮"之功劳，凭藉其三寸不烂之舌，跌倒再爬起来，终于克服了重重困难，成为伟大的英雄。[1]

---

1 转引自【日】横山宏章著、李雨青译《素颜孙文》，台北八旗文化 2016 年，5—6 页。

从 1895 年到 1911 年辛亥革命发生，在十六年的流亡岁月中，孙文往返日本十一次，累计停留了大约六年。进入民国之后，他又一次流亡日本，一共到过日本四次，停留了三年半。三十年来，他一共到过日本十五次，在这个岛国消磨了差不多九年半光阴。用他自己的话说："以其地与中国相近，消息易通，便于筹划也。"

岂止目不识丁的阿 Q 最后画了个瓜子，一辈子致力于革命的孙文也同样画圆不成，画成了瓜子模样。他离世之时，离同盟会在东京成立不到二十年，中华民国诞生已十四年，他的理想并没有实现，所以留下了一句"革命尚未成功，同志仍须努力"。然他晚年选择与苏联合作，引入党在国上、建立党军给中国带来的灾难，将在他身后展开。他虽死，灾难的闸门却已打开。

这一点就是鲁迅当时也没看明白。1925 年 4 月 8 日，他给许广平的私信中说：

> 大同的世界，怕一时未必到来，即使到来，像中国现在似的民族，也一定在大同的门外。所以我想，无论如何，总要改革才好。但改革最快的还是火与剑，孙中山奔波一世，而中国还是如此者，最大原因还在他没有党军，因此不能不迁就有武力的别人。近几年似乎他们也觉悟了，开起军官学校来，惜已太晚。中国国民性的堕落，我觉得并不是因为顾家，他们也未尝为"家"设想。最大的病根，是眼光不远，加以"卑怯"与"贪婪"，但这是历久养成的，一时不容易去掉。我对于攻打这些病根的工作，倘有可为，现在还不想放手，但即使有效，也恐很迟，我自己看不见了。

国民性正是 1902 年他在东京弘文学院开始思考的问题，也围绕着他的一生，他称之为"挖病根"的工作。国民性能改造吗？如今已成为引起争议的话题。

直到 1936 年 10 月，他在上海病故，东京，关注着他的日本作家纷纷发表怀念文章，也有涉及他毕生对国民性的探究。增田涉回忆：

> 歌人柳原白莲君从日本到上海时，因为想会见中国的文学家，由内山完造先生的照应，邀请了鲁迅和郁达夫：在一个饭馆里见面，我也陪了席。那时，鲁迅很说了些中国政治方面的坏话。白莲君便说，那么你讨厌出生在中国吗？他回答说，不，我认为比起任何国家来，还是生在中国好。那时我看见他的眼里湿润着。

那一天是 1931 年 6 月 2 日，鲁迅日记中写着："晚内山君招饮于功德林，同席宫崎、柳原、山本、斋藤、加藤、增田、达夫、内山及其夫人。"达夫就是郁达夫，比鲁迅小十五岁，1913 年到日本留学，在东京大学学的是经济学，却成了小说家。

眼眶湿润的鲁迅，对于他笔下的吕纬甫、魏连殳、孔乙己、祥林嫂、华老栓、阿 Q、闰土……其实都有深深的怜悯，那是和他一起生活在这块土地上的人，他们的命运和他的命运血肉相关。

如何让一个个不幸的生命获得正常的人的生活，他始终没有想明白，从东京到上海，他大半生都没有往制度方面想过，他和同时在东京、比他小一岁的宋教仁没有交集，宋所探索的那条路，他从来没有触及。所以，他也理解不了胡适他们 1929 年在《新月》杂志提出的人权、宪政问题。国民性的思考如果不进入保障人权的制度性探索，那也只能停留在文学的层面。这是他在东京没有启动的部分，也是一百二十多年来中国未曾完成的大题目——宋教仁之问，就是在中国这块古老的专制土地上有没有可能实行宪政民主？《民报》与《新民丛报》争论的问题还没有找到答案。

1926年11月又一个寂静的夜晚，鲁迅在厦门大学为杂文集《坟》写下一篇后记，里面收入的文章包括了他二十年前在东京写的几篇文言文。他以不无讽刺的口吻写下："但我并无喷泉一般的思想，伟大华美的文章，既没有主义要宣传，也不想发起一种什么运动。……我的生命的一部分，就这样地用去了，也就是做了这样的工作。然而我至今终于不明白我一向是在做什么。比方作土工的罢，做着做着，而不明白是在筑台呢还在掘坑。"他说的是实话，"筑台呢还在掘坑"？这是一个问题，不仅给他自己，也给我们这些后来者。

鲁迅之问是文学式的，是墨写的隐喻，不像宋教仁之问直接用血。如果说宋教仁是在筑台，鲁迅则致力于掘坑，前者从台上跌下来，用血浇灌了大地，后者只是想埋掉自己，化为大地上的养料。东京带给鲁迅和宋教仁的几乎是不一样的启迪，他们走的是不同的道路。他们能殊途同归吗？此刻，在东京郊外的一个角落里，我心中生出这个问号来。隔着差不多一百二十年的时光，今夜东京的月亮和他们看到过的还是同一个月亮。我想起宋教仁年轻的哭声，他无法知道身后铺开的历史之路，在他三十二岁不足的生命中，他已竭尽所能，并看见了帝国的落日，也看到了民国的曙光。

希望是什么？路是什么？鲁迅在《故乡》的结尾写了一句话："我想，希望本是无所谓有，无所谓无的。这正如地上的路；其实地上本没有路，走的人多了，也便成了路。"当他写下这些文字时，宋教仁被暗杀已快八年了。宋教仁的路没有走通，但在融入了他热血的土地上他所怀抱的希望灭绝了吗？

在宋教仁被暗杀一百一十二年后，其实我们仍在寻找真相，到底谁是幕后主使人？可以确定的是他想走的那条政治上和平竞争的路被逆转了，古老民族回到了以武力决胜负的路上。"推翻专制政体，为政治革命着手之第一步，而尤要在建设共和政体。今究其实，则共和政体未尝真正建设也。"他所说的共和政体就是指民主立宪政体。至于共和政体如何建设？他说，讨论宪法，行政、立法、司法三权应如何分配，中央和地方的关系及权限应如何规定，都当依法理，据事实，以极细密的心思来研究。关于总统制和内阁制，他明确主张内阁制——

> 盖内阁不善而可以更迭之，总统不善则无术变易之，如必欲变易之，必致摇动国本……欲取内阁制，则舍建立政党内阁无他途……

这是他 1913 年 2 月 19 日在上海的演讲，与他 2 月 1 日在武汉演讲时所说的"进而在朝""退而在野"那番言论相呼应。此时，他所代表的国民党已在国会选举中取得多数席位，虽春寒料峭，他说这些话时却不无春风得意之感。3 月 18 日，他告别上海前夕，在国民党交通部公宴会上演讲，区分革命党与政党的异同，"昔日专用激烈手段谋破坏，今日则用平和手段谋建设。今者吾党对于民国，欲排除原有之恶习惯，吸引文明之新空气，求达真正共和之目的，仍非奋健全之精神一致进行不可。"那一刻，他没有想到还要以自己的血来浇灌他参与创造的民国。

仅仅一天之后，他被子弹击中，再也来不及建设真正的共和政体了。

在东京的那些长夜里，他也曾灰心过，甚至流过泪，但他没有放弃，他相信破坏有期，建设有期。帝国向民国的转型，不是一朝一夕就能轻易完成的。我想起鲁迅 1925 年在《灯下漫笔》中说的——

但实际上，中国人向来就没有争到过"人"的价格，至多不过是奴隶，到现在还如此，然而下于奴隶的时候，却是数见不鲜的。

回到宋教仁，就是回到建设共和政体的起点上。在宋教仁来到东京一百二十年后的今天，与其问，宋教仁在哪里？不如问——宋教仁的后援力量在哪里？说到底，共和政体的支撑点是一个个争得了"人"的价格的人。

梁启超:"十年以后当思我"

一

1898 年 10 月,在日本政府帮助下,梁启超乘坐日本军舰大岛号逃过清廷的追捕,终于安全抵达东京。百日维新时,他的地位并不显赫,与谭嗣同等军机四卿不能比。这年 7 月 3 日他得到光绪帝召见之后,也只是以六品衔办理译书局事务。但作为康有为最重要的弟子,以及他在言论上的影响,他同样在劫难逃。

9 月 21 日,慈禧太后发动政变,他到日本公使馆寻求帮助,日本驻华代理公使林权助说:"他的颜色苍白,漂浮着悲壮之气",当时正在使馆的日本前首相伊藤博文说:"梁这个青年对于中国是珍贵的灵魂啊!"[1]

9 月 29 日,清廷下达的通缉令,称康有为乃"叛逆之首",称梁启超"所著文字,语多狂谬",要求各地官员"一体严密查拿,极刑惩治"。

梁启超能逃出中国,也是捡了一条命。

初到东京,他化名吉田晋,是因为他仰慕吉田松阴和高杉晋作。与他一起在箱根环翠楼读书的罗孝高说他因读吉田松阴的书,慕其为人,所以自署"吉田晋","其与内地知交通函多用此。其长女思顺时年尚稚,以入日本小学校,亦改称吉田静子。"

1　另外的译本称伊藤博文说:"是这样,姓梁的青年真是了不起的家伙,是值得称赞的家伙。"

早在广州万木草堂时代，他就读过吉田松阴的《幽室文稿》。

上海《申报》（光绪二十四年十月十九日）有一则报道：

> 日本访事友人云：中国逆犯康有为之徒党梁启超，遁迹日本后，自知罪大恶极，不容于礼仪之邦，遂窜入日籍，更其姓曰吉田，名晋，侨寓东京牛込区，与品川子爵订莫逆交，诗酒往还，徜徉竟日，不知曾念及先人庐墓否？

不久前，因为日本的报纸上批评中国的维新派过于急进才导致失败，他写信给品川弥二郎，重点提及吉田松阴：

> 近闻贵邦新报中议论，颇有目仆等为急激误大事者。然仆又闻之松阴先生之言矣。曰：观望持重，今正义人比比皆然，是为最大下策，何如轻快直率，打破局面，然后徐占地布石之为愈乎？又曰：天下之不见血久矣，一见血丹赤喷出，然后事可为也。仆等师友共持此义，方且日自责其和缓，而曾何急激之可言？

吉田松阴（1830—1859）只活了29岁，但他在松下村塾影响了木户孝允、高杉晋作、伊藤博文、山县有朋这些改写日本历史的学生。梁启超曾说："日本维新之业，其原因固多端，而推本其原动力，必归诸他。松阴可谓新日本之创造者矣。日本现世人物其喷喷万口者，如伊藤博文、桂太郎辈，皆松阴门下弟子不待论。虽谓全日本之新精神，皆松阴所感化焉，可也。"

当时，正好是吉田松阴的学生山县有朋组阁。

二

　　梁启超流亡日本时还不足 26 岁，仅仅过了两个月，1898 年 12 月 23 日，以他为主笔的《清议报》就在横滨问世了。这个旬刊是华侨冯镜如、冯紫珊、林北泉等筹资创办的，他也可能是出资人之一。作为清廷通缉的要犯，他不居任何名义，发表文章多用笔名，也有直接署名梁启超的。

　　《清议报》最初的两期广泛赠阅，送出了上万份，很快每期的发行量稳定在三千份到四千份。清廷虽严禁刊物进入，但还是没有完全阻止，《清议报》在国内设有不少代售处，包括上海、福州、芜湖、天津、北京、汉口、苏州、安庆、广州、潮州、九江、黑龙江等地，北京的代售处就设在东交民巷使馆区，其他也多是在租界内。因销路好，有的代售处甚至擅自抬高售价。《清议报》第二十册登载一则告白：

《清议报》

　　叠接各地来函，至谓代派处有将报价抬高，于零售尤甚，本馆初不甚信，惟言之者众，似事非无因。其碍本馆销路事小，而阻国民进步事大。乞代派诸君深谅此意，勿仍前弊，本馆不胜企祷之至。

　　《清议报》议论时政，无所顾忌，清廷

恼怒。1900年2月14日发布的这道上谕称：

> 谕内阁：前因康有为、梁启超罪大恶极，叠经谕令海疆各督抚，悬赏购线，严密缉拿，迄今尚未弋获。该逆等狼子野心，仍在沿海一带，煽诱华民，并开设报馆，肆行簧鼓，种种悖逆情形，殊堪发指。

> 谕令北洋、闽、浙、粤各地的督抚，再行明白晓谕，不论何人只要将康有为、梁启超缉获送官，验明正身，立即赏银十万两。如果呈验尸身，确实无疑，也一体给赏。并特别将这笔巨额赏银先行提存上海道库，以便及时兑现。

在1898年9月21日戊戌政变之初，梁启超虽也遭缉拿，但并没有像康有为那样受重视。《清议报》的创刊，梁启超文章的影响，使他的头颅升值。康有为并未直接参与办报办刊，言论是梁的事业。同一上谕指出：

> 至该逆犯等开设报馆，发卖报章，必在华界，但使购阅无人，该逆等自无所施其伎俩，并著各该督抚逐处严查，如有购阅前项报章者，一体严拿惩办。

1900年3月7日，湖广总督张之洞下令江汉关道查禁《天南新报》和《清议报》：

> 查康梁二逆在南洋造为《天南新报》，在日本造为《清议报》。……其逆报大意专诋朝政，诬谤皇太后，显违皇上硃谕，以

有为无，以无为有，肆口狂吠，毫无顾忌。……此二报，中国传入各报馆中深明尊亲大义，不为所惑者固不乏人，然亦间有不明事理者，不免以讹传讹，互相采录。

《天南新报》少有读者提及，进入许多人记忆的是《清议报》，之所以难以禁绝，就在于有广泛的读者。

日本外务省档案中保存着张之洞这年年底通过江汉关税务兼通商事宜给日本驻汉口领事的一份照会，其中说，留日学生中"竟有惑于康梁邪说，不知自爱，亲附乱党，勾通会匪者"，特别列举刘赓云、程家柽等五人，"到东后，竟为康党所煽惑，潜与结交。近日所发议论，专宗《清议报》之邪说，设立私会，奖助乱人，赞美逆谋，极为悖谬。"

第二年冬天，蔡钧接任驻日公使，三个月后写给清廷军机大臣荣禄的密函中有一句话："《清议报》布散颇远，甚至欧洲亦信其横议，蛊惑人心，莫此为甚。"可见《清议报》的影响，令他们不安。他庆幸写信时《清议报》已停刊。

《清议报》共坚持三年，发行了一百期。直到停刊两年后，还有人在翻刻，可见有市场。梁启超曾在《新民丛报》第二十七号杂评栏发表讽刺评论《张之洞保护报馆版权》：

> 顷南京学宫旁，有鸠集股本翻印《清议报》者。张之洞闻之，札上元江宁两县，拿人搜书，严禁翻刻。

1903 年 3 月，张之洞署理两江总督时下达的这道札文称：

> 照得近来中国士习嚣陵，人心浮动，皆出康梁逆党播散谣言，

刊布逆报，诬谤朝廷，淆乱国是，党邪丑正，乐祸幸灾，专以煽惑天下。年轻无识好事之辈，以及偏远地方不知国势时局之士民，冀皆受其蛊惑，以与国家相抵抗。大逆不道，罪不容诛。此等悖逆报章，稍具人心者，俱应深恶痛绝，屏之不与中国同。地方官职司风化，苟有耳目，岂容坐观漠视，若罔闻知，乃本部堂访闻上江两县学宫旁设有明达书庄，鸠集股本，翻印《清议》等报，四散出售，足见逆党狡谋不息，蓄心煽乱……乃以省城重地，学宫之旁，竟容奸徒刊售逆报，招股续印，流播日多，该地方官形同聋聩，并不严加驱逐，竟尔听其所为，实属昧心溺职，殊堪痛恨骇怪。

他要求将明达书庄所有"逆书"板片纸张尽数起获，验明销毁，不准有片纸只字遗留。查提书庄店主到案，查究主持招揽之人，"饬令具结，以后不再售逆书逆报书籍股票，违者重罚治罪。"这一消息传到日本，却被梁启超在《新民丛报》上当作了讽刺素材。

《清议报》对于那个时代的影响从这些人的记忆中也可获知。

1892年生于四川乐山的郭沫若读到《清议报》的旧刊，是1907年在嘉定中学堂，此时离《清议报》停刊已有五年。他在《少年时代》中回忆：

> 《清议报》很容易看懂，虽然言论很浅薄，但它却表现出具有一种新的气象。……他著的《意大利建国三杰》，他译的《经国美谈》，以轻灵的笔调描写那亡命的志士，建国的英雄，真是令人心醉。我在崇拜拿破仑、毕士麦之余便是崇拜的加富尔、加里波蒂、玛志尼了。

《清议报》上的文章，梁启超初时常以"哀时客"为笔名，可见其当时的心态。但到日本没几个月，他读到了许多以前没有见到的书：

> 畴昔所未见之籍，纷触于目，畴昔所未穷之理，腾跃于脑。如幽室见日，枯腹得酒，沾沾自喜，而不敢自私。乃大声疾呼，以告同志曰：我国人之有志新学者，盍亦学日本文哉。日本自维新三十年来，广求智识于寰宇，其所译所著有用之书，不下数千种，而尤详于政治学、资生学（即理财学，日本谓之经济学）、智学（日本谓之哲学）、群学（日本谓之社会学）等皆开民智强国基之急务也。

在写给妻子李蕙仙的家书中，他也说："我等读日本书所得之益极多极多。他日中国万不能不变法，今日正当多读些书，以待用也。"

等到 1899 年，梁启超自述在东京的第一年，稍能读日文，思想为之一变。他在《新大陆游记》说得更明白：

"自居东以来，广搜日本书而读之，若行山阴道上应接不暇，脑质为之改易，思想言论与前者若出两人。每日阅日本报纸，于日本政界学界之事相习相忘，几于如己国然。"

他在《清议报》上发表的文章，正是在日本所读新书和报纸中获得的启发，其中心就是开民智。他连续发表《饮冰室自由书》《爱国论》《国家论》《放弃自由之罪》《国权与民权》等文，以及他引介的世界历史人物吸引了包括少年郭沫若在内的许多读者。难怪郭沫若要以如此煽情的笔调评价：

> 在他那新兴气锐的言论之前，差不多所有的旧思想、旧风习都好像狂风中的败叶，完全失掉了它的精彩。二十年前的青少年——

换句话说：就是当时的有产阶级的子弟——无论是赞成或反对，可以说没有一个没有受过他的思想或文字的洗礼的。

三

在《清议报》最后一期，梁启超写下《清议报一百册祝辞并论报馆之责任及本馆之经历》，其中说："《清议报》，事业之至小者也，其责任止在于文字，其目的仅注于一国，其位置僻处于海外，加以其组织未完备，其体例未精详，其言论思想未能有所大补助于国民。"他最重要的言论还是要等到《新民丛报》创刊之后。那是 1902 年，也是他生命中最重要的一年，此时他的流亡生涯已进入第四个年头。《清议报》于 1901 年 12 月停刊，《新民丛报》次年 2 月就问世了，中间仅相隔一个月。

从 1902 年到 1907 年，《新民丛报》半月刊共出了 96 期，每期约刊登五万字，其中有大量文字是他执笔的。

就在 1902 年 11 月，他主编的《新小说》月刊也诞生了。

这些刊物进入中国内地，许多少年的思想被搅动。

吴玉章 1902 年到四川威远求学，就在这远离东京的内地读到了《新民丛报》和《新小说》，非常爱读。

梁启超以"中国之新民""新民子"自许，在《新民丛报》连载《新民说》。在二十世纪初，《新民丛报》就是一个新思想的实验室，他源源不断地用古老的中文将许多新鲜的带着朝露的想法表达出来，一下子就吸引了成千上万的读者。他说自己办这个杂志，"稍从灌输常识入手，而受社会之欢迎，乃出意外。"其实也没有什么意外，那个时代正在期待着这样的声音，而他率先说出来了。1902 年，他不足三十岁，正是生命最好的年华，每天要执笔写五千字。史家张朋园说，"他心中想说的多，对于国民的期望亦大，有暇即动笔撰述，真是以生龙活虎的气势出现。"

《新民丛报》半月刊的发行量迅速超过了《清议报》。

他在 1902 年冬天写给康有为的信中说："新民丛报……现销场之旺，真不可思议，每月增加一千，现已近五千矣。似比前此《时务》尚有过之而无不及。"

《新民丛报》第十一号有一篇《尺素五千纸》称出版不过几个月，印数从二千到五千，估计读者从二万到五万人了。

此前，《新民丛报》第九号的《本社告白》说：

> 本社开设以来，未及数月已风行海内外，现今每期所出报纸，已及万数千份。

大概这里说的是印数，而不是事实上的发行量。接下来的第二十二号告白说，发行总数已递增至九千份。

1906 年 3 月 25 日，上海《申报》刊登的《上海四马路新民丛报支店启事》称：

> 本报开办四载，久为士大夫所称许，故销售至一万四千余份。现第四年第一期报已到，订阅者争先恐后，此诚民智进步之征也。阅者诸君，务请从速挂号是幸。

这是一则广告，有人认为这个发行数不可信，有可能夸大了。

在此之前，1904年，清廷军机大臣鹿传霖致函各省督抚要求查禁的18种"悖逆"书刊中就包括《新民丛报》。

尽管清廷严禁，但即使在京师大学堂这样的地方，《新民丛报》和梁启超的《饮冰室文集》也是学生们传阅的热门读物。

黄遵宪读到有人从汕头洋务局寄来的《新民丛报》，写信给梁启超："《清议报》胜《时务报》远矣，今之《新民丛报》又胜《清议报》百倍。"严复读了他们赠阅的三期杂志，来信称许"为亚洲二十世纪文明运会之先声"。这些评价不仅仅是客套。梁启超因《新民丛报》上的言论获得了许多少年读者的心。

重要的是，《新民丛报》的生命即使在停刊多年后也没有结束。包括胡适、毛泽东、邹韬奋在内的不少少年读者都是在1907年后与《新民丛报》相遇，而被深深吸引的。所以，梁启超在《清代学术概论》中不无得意地说："清廷虽严禁不能遏，每一册出，内地翻刻本辄十数，二十年来学子之思想，颇蒙其影响。"

1893年出生的左舜生在湖南长沙读小学，他说梁启超的著作和他主编的杂志，湖南翻印得最完备，《清议报》《新民丛报》及《饮冰室文集》等，他都一一搜集看过。

1904年，十四岁来到上海的胡适，很快就接触到了《新民丛报》，被里面的文章深深打动。他说自己受了梁启超无穷的恩惠——"《新民说》诸篇给我开辟了一个新世界，使我彻底相信中国之外还有很高等的民族，很高等的文化；《中国学术思想变迁之大势》也给我开辟了一个新世界，使我知道《四书》《五经》之外中国还有学术思想。"

《新民丛报》为何能把握广大读者的心理，1895年出生的毛以亨说自己是当年的小读者之一，"颇喜其主张单纯而干脆。任何复杂的问题，经他几句话一讲，不特完全明白，而且能透彻十分。"他认为深入浅出的工夫是梁启超的看家本领，没有人比得上。而在 1902 年，"其精神唯一所寄为言论"。

与毛以亨同年出生的邹韬奋在上海南洋公学附属小学毕业后，1913年升入附属中学。他读小学时的国文老师沈永癯书柜里有全套《新民丛报》。他几本几本的借出来看，简直看入了迷：

> 我始终觉得梁任公先生一生最有吸引力的文章要算是这个时代的了。他的文章的激昂慷慨，淋漓痛快，对于当前政治的深刻的评判，对于当前实际问题的明锐的建议，在他的那枝带着情感的笔端奔腾澎湃着，往往令人非终篇不能释卷。我所苦的是在夜里不得不自修校课，尤其讨厌的是做算学题目；我一面埋头苦算，一面我的心却常常要转到新借来放在桌旁的那几本《新民丛报》！夜里十点钟照章要熄灯睡觉，我偷点着洋蜡烛躲在帐里偷看，往往看到两三点钟才勉强吹熄烛光睡去。睡后还做梦看见意大利三杰和罗兰夫人（这些都是梁任公在《新民丛报》里所发表的有声有色的传记）！

邹韬奋将来办《生活》周刊毫无疑问是受了梁启超和《新民丛报》的影响。

四

梁启超在日本的流亡岁月自称"眇眇之身，力小任重"，但他为中文世界引入的新词汇，创造的新文体，却在重构中国人的思维方式和表达方式。在新旧交替的时代转折点上，他的作用之大，可以说前无古人。

梁启超向来不喜欢晚清流行的桐城派古文，早年写文章学的是晚汉魏晋，到了《新民丛报》时期则已完全解放，"务为平易畅达，时杂以俚语韵语，及外国语法，纵笔所至不检束，学者竞效之，号新文体。老辈则痛恨，诋为野狐，然其文条理明晰，笔锋常带感情，对于读者，别有一种魔力焉。"这一新文体被称为"新民体"。

梁启超

对梁启超影响最大的日本人还不是前面提及的吉田松阴，而是德富苏峰。冯自由的《革命逸史》中有一则《日人德富苏峰与梁启超》：

　　盖清季我国文学之革新，世人颇归功于梁任公（启超）主编之《清议报》及《新民丛报》，而任公之文字则大部得力于苏峰。……不独其辞旨多取材于苏峰，即其笔法亦十九仿效苏峰。此苏峰文学所以间接予我国文学革新影响至巨，而亦《新民丛报》初期大博社会欢迎之一原因也。然任公徒剽袭他国文学家之著作，并不声明出处，直以掠美为能事，卒不免为留学志士所严正指摘，是亦其自取之道。

要是说梁启超抄袭德富苏峰，说他的笔法"十九仿效苏峰"，都未免夸大，不合事实。但梁本人并不讳言受到德富苏峰的影响。早在1899年写的《汗漫录》（后改称《夏威夷日记》）中就提及：

读德富苏峰所著《将来之日本》及《国民丛书》数种。德富氏为日本三大新闻主笔之一，其文雄放隽快，善以欧西文思入日本文，实为文界别开一生面者，余甚爱之。中国若有文界革命，当亦不可不起点于是也。苏峰在日本鼓吹平民主义，甚有功。又不仅以文豪者。

其实，德富苏峰并不以文学家自许，其创办的《国民新闻》《国民之友》，出版的"国民小丛书"，都以开启民智为目的，要在日本推动"知识世界之第二革命"。他说："吾人欲与你们跟着此第十九世纪宇内文明的大气运，一变我国时势，以欲成就知识世界第二革命。"

这和梁启超想通过办报办刊，从思想言论入手重造中国的用心是一致的。

影响深远的《少年中国说》，也是受到德富苏峰的《吉田松阴》这本小册子启发，其中比较了"少年意大利"运动的马志尼。德富苏峰所谓："旧日本的故老乘去日之车渐退舞台之下，新日本的青年将乘来日之马渐进舞台之上。"读《少年中国说》中梁启超的这些言论："造成今日之老大中国者，则中国老朽之冤业也。制出将来之少年中国者，则中国少年之责任也。"不难看出两者之间的某种关联。他也自称"少年中国之少年"。

相隔多年，1917年德富苏峰访问北京，在财政部和梁启超见面（当时梁正出任财政总长），称其为"中国唯一之新闻记者"，就是引为同道。德富苏峰对自己的定位即新闻记者：

予未曾以文章家自任，亦未曾希望为文章家。予乃彻头彻尾一新闻记者，所谓予之文章，即新闻记者之文章，著作亦新闻记者之著作，故十之七八意在对症下药，而未必有流传千古之大野心。（《苏峰自传》）

这与梁启超在《饮冰室文集》自序中的定位是一致的："吾辈之为文，岂其欲藏之名山，俟诸百世之后也。应于时势，发于胸中所欲言。然时势逝而不留者也，转瞬之间，悉为刍狗。况今日天下大局日接日急，如转巨石于危崖，变异之速，匪翼可喻。今日一年之变，率视前此一世纪犹或过之，故今之为文，只能以被之报章，供一岁数月之遒铎而已，过其时，则以覆瓿焉可也。"

当一位中国人称德富苏峰是"日本之梁启超"，梁是"中国之德富苏峰"。他认为这是同人间的评价，一点也不感到意外。

德富苏峰的"新国民论"给梁启超的灵感是多方面的，包括《新小说》月刊的创刊。赖光临在《梁启超与近代报业》一书评论，梁启超创办《新小说》的最大兴趣，"非在于文学，而在于政治，办小说报主因，似受两方面影响：一为梁氏认中国群治腐败，其总根源在于小说……二为运用小说不可思议之力量，施之于新民，具见成效者，已见于日俄两国史实，梁氏颇受鼓舞。"

他在《新小说》上发表《论小说与群治之关系》开篇即说："欲新一国之民，不可不先新一国之小说。……何以故？小说有不可思议之力支配人道故。"

在《新小说》发表的重要作品有吴研人的《痛史》《二十年目睹之怪现状》等。最能代表梁启超本人政治热情的小说则是《新中国未来记》，"其作文动机，主要为发表政治理想与见解。"他自述办这个杂志，"专欲鼓吹革命，鄙人感情之昂，以彼时为最矣。"他借小说中人物、中华民主国第二任大总统黄克强之口大谈民权、革命：

> 兄弟，这"民权"两个字，不是从纸上口头可以得来，一定要一国人民都有可以享受民权保持民权的资格，这才能够安稳到手

的。你几曾见没有政治思想的国民，可以得民权，又几曾见已有政治思想的人，不能得民权呢？……好兄弟，我实告诉你罢，现在的民德民智民力，不但不可以和他讲革命，就是你天天讲天天跳，这革命也是万不能做到的，若到那民德民智民力可以讲革命，可以做革命的时候，这又何必更要革命呢。

他执笔写这篇小说时，不曾想到用不了十年中华民国就创立了，与孙中山并称的开国元勋也叫黄克强，虽然这只是一个巧合。史家张朋园称："《新小说》用种种间接直接刺激脑质的方法，鼓舞人心，若说晚清革命的高昂与小说有关，则该报应居首功。"

梁启超在东京做的思想言论事业，没有直接鼓动风潮、造成时势，启蒙是慢的事业，不是立竿见影的。但他有足够的自信，1901 年，他的流亡生涯进入第三年时，曾写下"十年以后当思我，举国犹狂欲语谁"这样的诗句。

相隔十多年，中华民国诞生之后，远在美国留学的青年胡适在日记中说："梁任公为吾国革命第一大功臣，其功在革新吾国之思想界。……去年武汉革命，所以能一举而全国响应者，民族思想、政治思想入人已深，故势如破竹耳。使无梁氏之笔，虽有百十孙中山、黄克强，岂能成功如此之速耶！"

熊希龄在《祭梁任公先生文》中也说："辛亥革命，清室以湮；公之力也，胜于万军。"（1929 年 2 月 8 日）

蔡锷："足惮者自一人而已"

一

1899 年，不足十八岁的蔡锷初到东京，瘦弱，单薄，拖着辫子，一个很不起眼的中国少年。没有人会想到，他将成为叱咤风云的名将，再造民国的元勋。

正是他在云南发起护国战争，反对袁世凯称帝，扭转了时局。在历史的关键时刻，也是他说出了为四万万人争人格。

在他短短三十四年的人生中，有过三个东京时间，可以说，他是在东京成长起来的，最后病故于日本。

第一次来到东京，他和梁启超之间曾有过这样一番对话——

他对老师说："拿笔杆子革命是不成功的，必须举起枪杆子来！我去投考士官学校，愿做军事人才。"

蔡锷

梁启超说："以你这样文弱，怎能学陆军？"

他回答："只要先生设法，我学陆军，我不作一有名军人，不算先生的门生。"

这个愿望要等好几年才得以实现。

早在1898年7月，他在《湘报》发表的文章中说："哀乎！今之计也，四万万人不足恃，足恃者自一人而已。一可十，十可百，百可千，千可万，万可四万万。"他接着说："国之破，不足虑，种之厄，不足虑，惟教之亡，足虑，心之死，气之销，足为大虑。"

正是他"心不死，气不销"，在东京，他终将自己铸造成器，成为重造历史的一人。

他的第一个东京时间是1899年到1900年4月，为期不到一年。

蔡锷遇到梁启超，这是他一生最大的因缘。1897年10月，不到十六岁的他，徒步从故乡邵阳走到长沙，考入新开办的时务学堂，成为中文总教习梁启超的得意弟子，尽管相处的时间不足半年。他们全班40人，同学中有范源廉、杨树达、林圭等，他年龄最小，教师中还有谭嗣同、唐才常、欧榘甲、韩文举等。读他们之间的师生问对，已有关于君权、民权，关于议院的对话，他们的札记和批注中出现了显微镜、几何学这些名词。少年蔡锷的札记中提出的问题，诚然不无稚嫩，但深思好学，有心，有气。

1898年9月戊戌变法失败，梁启超亡命日本没多久，蔡锷也辗转到了东京。

梁启超在东京小石川久坚町租了三间房，蔡锷、林圭、秦力山、范源廉等11人打地铺，白天卷起铺盖，每人一张小桌，学日语、数学，读书做札记，前后有九个月。

1899年10月，梁启超在东京牛込区东五轩町办东京高等大同学校，学生除了蔡锷他们，还有横滨大同学校毕业的冯自由、郑贯一、苏曼殊等人。蔡锷初学日文，就靠译书自给。

秋冬之际，他与林圭、冯自由等参加东京饭田町九段的体育会，每天练习兵式体操和射击两个小时。

1900年4月，他随唐才常等十九人回国，在汉口秘密组织"自立军"，准备发动起义。当年7月，"自立军"的密谋被张之洞破获，唐才常、林圭等大批志士被杀。他因被派到湖南策反新军，侥幸漏网，又一次来到东京。直到1904年7月，他在东京度过了青春岁月中最宝贵的四年。

他在悲愤之中，改名立志，将幼时起的名"艮寅"改为"锷"，取《汉书》中"砥砺锋锷"和汉代张衡《西京赋》的"锷锷烈烈"之意，从此就叫蔡锷。同时弃用原来的字："艮寅"，另起"松坡"。

大同高等学校因经费匮乏难以维持，1901年3月，他与范源廉、蒋百里、蒋百器（尊簋）、唐才质、冯自由等三十多人进入东亚商业学校，这一学校初以犬养毅为校长，一年后由驻日公使蔡钧接任，并改名为清华学校。

吴稚晖到东京后发现，那个时候思想上最激烈的要算清华派，他们都与住在横滨的梁启超关系紧密。"我看他们半是反贼，我的程度，想要企及他们，而还不敢冒昧的许可。"他眼中的"反贼"就是蔡锷他们这批人。

就在这一年，蔡锷进入成城学校。这是中国留日学习陆军的预备学校，是进入日本士官学校的先修班。

成城学校的科目，文化课相当于中学程度，但偏重于兵操、体操训练。

这一年，蔡锷不到二十岁，终于达成了投笔从戎的心愿。毛以亨的《梁启超》一书中说，是梁启超托大隈重信给他做的担保。

因为身体弱，蔡锷的学科成绩虽然优秀，但一开始术科并不好，尤其翻杠、跳高、跳远等运动不行，受到教官和同学轻视。他为此流过泪，并下了大决心，一年后，连这些项目也都赶上来，并名列前茅。

到 1902 年 7 月，他在成城学校毕业时，日语、日文文法、日文、作文、地理地文、历史、算数、代数、平面几何、平面三角、生理卫生、物理、化学、图学、画学、教学示范等十六科的考试成绩平均 84 分，在同期的七个中国学生中位列第三，只有刘荃业（87 分）、蒋百里（86 分）比他高，其他如许崇智（80 分）、蒋尊簋（75 分）都在他后面。而他最薄弱的术科成绩 88 分，高于刘荃业（66 分）、蒋百里（75 分）、许崇智（78 分）、蒋尊簋（78 分）他们，名列第一。

在留学日本学习法政的曹汝霖眼中，蔡锷刚直沉毅，不苟言笑，身上有一种拼命精神，明末清初湖南籍学者王夫之的一副对联，"六经自我开生面，七尺从天乞活埋。"其中就含有拼命精神，对蔡锷不无鼓励。

他从成城学校毕业，以候补生资格进入仙台骑兵第二联队，到 1903 年 6 月实习期满，升入日本陆军士官学校第三期骑兵科。

1904 年秋天，他以优异成绩毕业于日本士官学校。梁启超记得，蒋百里是第一名，蔡锷好像是第五名。学骑兵的他与学步兵的蒋百里、学工科的张孝准、学炮兵的周家树各有所长，被誉为"留东四杰"。他和蒋百里、张孝准又被称为"士官三杰"。

蒋百里

蒋百里留日归来，还曾派到德

国研习军事，成为著名的军事教育家。1912 年 2 月 6 日，蔡锷以云南都督的身份致电临时大总统孙中山、陆军总长黄兴，如此举荐：

> 蒋方震君留学东西洋十余年，品行学术，经验资望，为东西洋留学生冠……如畀以参谋部总长，或他项军事重要职务，必能挈领提纲，措置裕如，不独中枢有得人之庆，而军国大计亦蒙其庥。锷于蒋君相知最深，为国荐贤，伏希留意。

二

1902 年，蔡锷完成了一篇长文《军国民篇》，以"奋翮生"的笔名从《新民丛报》创刊号起，到第 11 号，共连载了四期。这是他在东京发表的最重要的一篇文章，是他的"军国民主义"第一次集中表述：

> 故欲建造军国民，必先陶铸国魂。
>
> 国魂者，国家建立之大纲，国民自尊自立之种子，其于国民之关系也，如战阵中之司令官，如航海之指南针，如枪炮之照星，如星辰之北斗……孟子之所谓浩然之气，老子之所谓道，其殆与之相类似乎。……
>
> ……
>
> 要之，国魂者渊源于历史，发生于时势，有哲人以鼓铸之，有英杰以保护之，有时代以涵养之，乃达含弘光大之域。然其得之也，

非一日而以渐。其得之艰，则失之也亦匪矣。是以有自国民之流血得之者焉，有自伟人之血泪得之者焉，有因人种天然之优胜力而自生者焉。

奋翮生沉沉以思，举目而观，欲于四千年汉族历史中，搜索一吾种绝无仅有之特色，以认为吾族国魂，盖乎其不可得矣。谓革命为吾族之特色欤？则中国历祀之革命，皆因私权私利而起，至因公权公利而起者，无有也。以暴易暴，无有已时。谓为吾族之国魂，吾族不愿受也。谓排异种为吾族之特色欤？则数千年来，恒俯首帖耳，受羁于异种之下，所谓排异种者，不过纸上事业而已。欲强谓为吾族之国魂，吾族所愧受也。吁！执笔至此，吾汗颜矣。然而吾脑质中，有一国魂在。

二十岁的蔡锷回望中国历史，只有以暴易暴，所谓革命，只是因私权私利而起，却无因公权公利而起的。他为此而汗颜，他将参与其中并发挥重要作用的这场革命就是为了公权公利，不是打江山坐江山。

有个叫河边半五郎的日本人读了，很喜欢，还将此文译成了日文。

当时，留日中国学生发起拒俄义勇队，改组为"军国民教育会"，他和黄兴等都曾参与其中。黄兴是他的湖南同乡，比他年长，他们还一同发起过湖南编译社、《游学编译》。黄兴后来送他一副对联："寄字远从千里外，论交深在十年前。"他们的交往可以追溯到东京时代，但他在同盟会出现之前就回国了，与黄兴并不属于一个阵营。

在思想上他受梁启超的影响最大，自 1903 年起，绝口不谈革命。他在东京与杨度关系密切，休假日常去杨度那儿吃饭，放言高论国民主义、立宪制度。从辛亥革命期间的大量电文可以看出，他的政治立场虽基于东京时代，此时却已力主共和。对于君主立宪，尤其对杨度推动袁世凯称帝，他更是坚决反对，视为逆流。在历史的大变动中，昔日的密友最终分道扬镳。

民国告成，他于 1912 年 3 月 3 日写信给尚在日本的梁启超，认为辛亥革命如此顺利，是老师的思想贡献：

> 百日内事不可思议，以凤计度之，危险万状，然竟得坦途，不独全局为然，即滇中一隅，多有出诸意想之外者。此中其有天幸欤？探本穷源，莫非吾师脑力笔力之赐？吾师种其因，万众食其果，仁人之德溥矣。

"吾师种其因，万众食其果"，这是他的由衷之言。他以云南都督名义，几次通电，呼吁民国政府敦请梁启超回国。这年 5 月 27 日，他致电副总统黎元洪及各地都督：

> 新会梁公启超为国先觉，闳才硕学，道高德懋，海内所知，徒以政见素持稳健，致为少数新进所诟病。现为羁身海外，实为民国惜之。

他希望和他们共同电请临时大总统袁世凯"为国求贤，以礼罗致"。

6 月 5 日，他又致电袁世凯、国务院、黎元洪、黄兴和各省都督，列举梁启超在甲午以来为推动中国社会进步的贡献，特别提到梁流亡日本之后——

> 戊戌革政失败，乃创《清议报》于日本，继于壬寅设《新民丛报》，终乃建《国风报》，顺世界之潮流，察内国之情态，婆心苦口，

对病施药，虽论说时有不同，而主义则前后一辙。……惟因前清对
于报馆禁制綦严，言论稍激，即不能输入腹地，不得不以假面示人。
而社会思潮陈旧，又难陈义过激，致使扞格不入，复不得不委曲宛
转，另辟旁径，以施诱导之法。……

锷追随先生有年，觉其德行之坚洁，学术之渊博，持义之稳健，
爱国之真挚，环顾海内，实惟先生之一人。现值民国肇基，百政待
理，非仗通才硕彦主持国是，共济艰难，无以奠邦基，而纾国难……
锷为推崇先觉，为国举贤起见，用敢冒陈，拟请大总统敦请先生回
国，优予礼遇。

在经过十四年的流亡之后，梁启超终于在 1912 年 10 月回国。

三

对于日本，蔡锷凭自己在东京的切身体会，多有美言。

在 1902 年发表的《军国民篇》中，赞美日本有"大和魂"，认为
日本的崛起，是因为刚武不屈之气，铸成了一种特别的天性，也就是尚
武精神。他说自己检译日本的小学课本，都含有爱国尊皇之义，对于中
日海陆战争的事迹记载很详细，"其用意所在，盖欲养成其军人性质于
不知不觉之中耳。"就连图画课中，也有战舰、炮弹、枪炮等图画，"其
用心之微，固非野蛮诸邦国所得而知之矣。"此时离中日甲午战争不远，
蔡锷关心的是学习日本的尚武精神。

1903 年 1 月，他执笔的《致湖南士绅诸公书》中对于日本更是赞

誉有加——

　　而道路修夷，市廛雅洁，游旅妥便，法制改良，电讯、铁轨纵横通国，警察严密，游盗绝踪，学校会社，公德商情，农工实业，军备重要，日懋月上，不可轨量。国民上下，振刷衔枚，权密阴符，无孔不入，志意道锐，欲凌全瀛。

　　他感慨，三十年前的日本还是一个落后国家，明治维新以后，一变至此，不过是学习西方，发奋图强所致。他特别提到了日本思想家、教育家福泽谕吉提倡输入西方文明，翻译西方书籍，对于日本的深远影响。

　　回国之后，他在治军间歇，仍念念不忘东京岁月，渴望通过东京获得更多的资讯。1907 年 5 月 31 日，他曾写信托昔日成城学校的同学陈绍祖——

　　一、请定《太阳报》《兵事杂志》及《朝日新闻》各一份，托该社按期邮寄。

　　一、东京所出新书，凡有重大关系者，请随时代办邮寄。

　　一、东京留学生中出色人物皆学业优长者，请详细赐告。

　　……

　　1913 年 11 月下旬，他辞去云南都督，奉调入京。他在北京国民大学欢迎会上演讲时说，新造的国家有赖于建设的人才，学问为今日的急务，并列举日本的例子，期望该校成为"东洋第二早稻田大学"——

蔡锷手迹

昔日本当开国之先，吉田松阴先生集徒讲学，讲习不过斗室，学生不过二十余人，而一时名流如西乡隆盛、伊藤博文、大隈重信等皆出其门（引者注：蔡锷记忆有误，西乡隆盛和大隈重信并非吉田松阴弟子），是实日本维新之大人物。迨开国事定，诸人者即从事造就建设之人才，而私立大学，一时称盛。其宏大者莫如大隈重信所创之早稻田大学。其初规模狭小，学生不过数十人。今则几及万人，卒业生遍于全国，而日本之人才不胜用矣。

四

武昌起义枪响之后，蔡锷在云南响应，发动重九起义，宣布云南独立，被推为都督，从此登上政治舞台，成为可以转移国运的人物，此时他还不到而立之年。云南独立的原动力就是留学东京学军事、参加过同盟会的云南籍士官生，蔡锷虽不是云南人，也没有参加过同盟会，却因在留日士官生中的资历、威望，和他在新军中的地位，而被推为起义总指挥。

当时，他是新军第十九镇第三十七协的协统，部下的标统罗佩金、管带唐继尧、刘存厚、雷飚、李鸿祥、谢汝翼等，云南陆军讲武堂总办李根源、参谋处总办殷承瓛等，都是留学东京的士官生，殷承瓛还是蔡锷在东京士官学校的同学。

罗佩金、殷承瓛、李根源等人本来主张云南的革命应该由云南人来领导，但唐继尧、刘存厚、李鸿祥、谢汝翼等人主张推蔡锷出来领导，他们认为蔡锷是士官学校第三期毕业生，资格比较老，而且有才干，有眼光。蔡锷就是在这种情况下被推出来的。重九起义前夕，他们歃血为盟，拟定了起义计划。

辛亥革命，军人起了关键作用，留学东京学军事的士官生在各省政坛纷纷崛起，不独蔡锷、唐继尧他们在云贵。1912 年 4 月底后，蔡锷在给朋友的信中说：

> 革命功成，端赖军人，然此次革命在恢复国土，扫除恶政为宗旨，并非有望于个人之利益也。今目的已达，宗旨已伸，即心安理得，决不望有何种报酬。况我军人决心赴难之时，已置性命于不顾。……此次革命，是普天同胞人人心理中所欲为之事，特假手我军人以成之。故军人不可说同胞未来帮忙，一味抹杀。盖革命非军人不能成事。一般人民未与闻其事，不独可以保地方之治安，尤足避意外之傲扰。云南革命后之秩序井然，地方安静，其原因在纯以军人为主动，人民未毫末参加所致。此不仅全滇之福，抑为西南边局之幸。

民国初建，政党蜂起，蔡锷介入过 1912 年 4 月在上海成立的统一共和党，这是由国民共进会、政治谈话会、共和统一会合并而成的。当年 5 月 6 日他在统一共和党云南支部成立会上演讲时说得很清楚，这个党的起因，"系根据于东京留学同志之旧团体。归国以来，复分途联络，同志极众。首创之际，取格甚严，非学识品性为同人所共许者，拒不收引，故党基极固，而分子极为健全。"

在统一共和党的重要成员中，张凤翙、孙毓筠、殷汝骊、彭允彝、景耀月、欧阳振声等都有留学东京的经历。

东京也是蔡锷政治思想形成的地方，在这次演讲中，他说了这样一番话："政党者，结合关于政治上抱同一主义而进行者也。故其目的以国家之乐利，人民幸福为旨归，个人之利益不计焉。其有思藉党势以谋私利，图个人之侥幸，或藉党援以为倾陷排挤之资者是大误也。共和国民，人人生息于自由平等之域，优游于法律范围之中，尊重人格，严守秩序，是其天职，不能有一豪私意夹杂于中。即对于他党，纵主义不同，趋向互异，可以言竞争，而不可以施排挤。尤不可以异党之故，伤及个人相互之友爱。此则私心所以自励，而期盼于吾党诸君者也。"这些话堂堂正正，是三十岁的蔡锷对政党和共和国民的认识。1912 年 9 月 12 日，他致电宋教仁，对于同盟会、统一共和党等五党合并为国民党深表赞成，但自己主张军人不入党，不再与闻党务，正好借合并之际退出统一共和党。

五

　　为四万万国民争人格，这是蔡锷在反袁护国时说出的壮语，这一战也成为他一生的巅峰。此役的重要推动力还是昔日留学东京学军事的士官生，不仅当时的云南主事人唐继尧，曾任江西都督的李烈钧，他的得力部属罗佩金、石陶钧等人都属于这一群体。也是这个群体推动了辛亥云南独立，当初在昆明策划和指挥新军起义的 21 个军官，包括蔡锷等 19 个是留日的士官生，在全省各地响应的 19 名军官和其他重要人物，也有 14 人是留日学生。

　　同为留日士官生出身的石陶钧称许蔡锷："先生为中国最有学识之军官，神妙不测。但惟一以诚心为用，是后来军中指挥官之模范。处此危境，能获胜者甚少，先生独能以少胜多（因军士不及敌人四分之一），且支持日久。"护国一役，他带到四川前线的将士最初只不过 3138 人，而对敌的军队有 4 万多人，武器装备、后勤补给都远远不如对方。等到帝制取消，战事停止，"随又料理善后，颇非易事。先生虽精神困惫，料事如常，无论患难，毫无畏缩。故知其精神百倍，而病益伏于此矣。"

　　1916 年 5 月 16 日，蔡锷在写给妻子潘蕙英的家书中深感安慰：

　　　　袁世凯已打算退位，不久即罢兵息战矣。此次事业，较之辛亥一役，觉得更有光彩，而所历之危险亦大，事后思之，殊壮快也。

　　十天后，他在 5 月 26 日的家书中表明了退意：

予喉病忽松忽剧，自觉体质殊不如前数年之健，亟须趁时休养。而大局稍定，争权夺利者，必蜂拥以出。予素厌见此等伤心惨目之情状，不如及早避去之为得。一俟局势略定，即当抽身引退，或避居林泉，或游海外；为疗病计，以适国外为佳。

打得无比艰苦的护国之役拖垮了他的身体。蒋百里说他"以孤军当大敌，固早置身于生死外也"。

6月19日，他给唐继尧的电文中表示：

侪辈中果有三数人身先引退，飘然远翥，实足以对于今日号称伟人志士、英雄豪杰一流直接下一针砭，为后来留一榜样，未始非善。而锷处地位，纯系带兵官，战事既了，即可捧身而退，斯亦各国同然。

6月21日，他致电梁启超，表示要东渡日本养病。8月28日，他抵达上海，师生相见，不胜欷歔。自1915年12月底天津别后，"前尘影事，忽忽如梦"。这场惊心动魄的护国战争，当时若论强弱之势，胜败实在未定之数。

9月9日，他离开上海，最后一次东渡日本，他的生命已进入倒计时。

在日本福冈医院的最后时光，陪同他的几个人中包括当年一同留学东京的蒋百里，比他晚几年毕业于日本陆军士官学校的石陶钧、李华英等，石陶钧还是他的湖南邵阳同乡。

11月4日，他在福冈医院对蒋百里他们论及国内现状，忧心忡忡：

"人民、政府宜同心协力，向有希望之积极方面进行。为民望者，身不道德，何以爱国？名斗意见，实争权利。"

他在发动护国战争之前就与老师梁启超相约，此战决不是为个人争权力。师生的约定掷地有声，百年后仍有回响：

"事之不济，吾侪死之，决不亡命；若其济也，吾侪引退，决不在朝。"

梁启超在上海的追悼会上说他"心地光明，毫无权利思想"，不是一句溢美之词。

1916年11月8日，他在福冈医院病逝，走完了三十四年短促的一生。

石陶钧目睹他平静离世，在口述遗电时，"精神尚一丝不乱也，无一语及家事。"

唐继尧、罗佩金等致电总统黎元洪和国务院，列数他的丰功伟绩同时，其中还有一句话："今身后萧条，不名一钱，老幼茕茕，言之心痛。"

护送他遗体返回中国的蒋百里，在他身后一个月挥泪撰文，最后慨然叹曰："呜呼，公之志未遂也！"

秋瑾："休言女子非英物"

一

精卫填海，在中国的古神话中堪与女娲补天、夸父逐日相媲美。化而为鸟的精卫，其名本为女娃，西山之小小木石当然填不平滔滔东海。但女娃填海之志，不输于女娲补天之心。

《精卫石》，当秋瑾1905年在东京开笔写下这部长篇弹词的开头时，她并不知道自己余下的生命不过两年。她怀抱的不过是精卫填海之心，"拍手凯歌中共欣光复，同心革弊政大建共和"，从她拟定的第二十回回目来看，不仅是要光复山河，更是以建立共和为目标。女子在其中将扮演怎样的角色，这正是她那时念兹在兹的。自1904年夏天抵达日本，她在东京的岁月如果除去中间回国的几个月，满打满算也不过一年多，但这一年释放的生命能量几乎胜过了她去国前的二十八年。

"休言女子非英物，夜夜龙泉壁上鸣。"是她自填《鹧鸪天》中的最后两句。她向往古时女子秦良玉、沈云英等人的作为。在《题芝龛记（咏秦良玉）》这首七绝中，她曾写下"莫重男儿薄女儿""始信英雄亦有雌"这样的诗句，《精卫石》的第一回"睡国昏昏妇女痛埋黑暗狱，觉天炯炯英雌齐下白云乡"，首次直接使用了"英雌"这个词汇。她不仅骄傲地进入了这个"英雌"序列，而且胜过了前人，足以与世界史上那些"英雌"——法国的圣女贞德、罗兰夫人和俄国的索菲亚等并驾齐驱。

随着初生的民国一起出现在上海棋盘街上的中华书局，曾印了一套"世界女杰笺"，第一组共八个人物，四个国外、四个中国的"英雌"，秋瑾毫无悬念地跻身其中，与她心目中的罗兰夫人、贞德、索菲亚、南丁格尔、花木兰、秦良玉、沈云英一起。[1] 而她的作为已不是古代的花木兰、秦良玉她们所能比拟。她沐浴过近代文明的曙光，也就是《精卫石》第五回所谓的

秋瑾

"美雨欧风"。她在《精卫石》序言中说，"余也处此过渡时代，趁文明一线之曙光，摆脱范围。稍具智识，每痛我女同胞处此黑暗之世界，如醉如梦，不识不知，虽有学堂而能来入校者、求学者，寥寥无几。"她之所以动笔创作这个通俗的弹词，就是呼唤二万万女同胞中也能出现罗兰夫人、索菲亚这样的自由舞台上的女英雄、女豪杰。

戊戌变法之后流亡东京的梁启超创办《清议报》《新民丛报》等刊物，在京师大学堂的学生中几乎是人手一编的普通读物。1902 年之后，秋瑾随丈夫去北京，结识了丈夫的同事廉泉的夫人、也是京师大学堂总教习吴汝纶的侄女吴芝瑛。廉泉是户部郎中，维新派，在绳匠胡同开文明书局，还和日本人一起开办东文学社，就是中国人学日语的机构。

在北京，秋瑾不无兴奋地读到了《新民丛报》，在写给妹妹秋珵的信中说："此间女胞，无不以一读为快……"梁启超的《近世第一女杰

---

1 《中华教育界》第一年第一号，封三广告，1912 年 1 月。转引自夏晓虹《秋瑾与二十世纪中国》，商务印书馆 2023 年，23 页。

罗兰夫人传》就是她在东渡之前读到的。

《精卫石》第一回，她在强调人权天赋的同时，提倡男女平权，所以王母不仅要差遣岳飞、文天祥、史可法、张煌言这些历史上的英雄，也要木兰、秦良玉、沈云英、梁红玉等英雄一起从白云乡下到东方的华胥国，来唤醒这个"痴聋光睡国"，创造"光明新世界"。就如她在《敬告姊妹们》一文说的，她想创造一个"美丽文明的世界"，这个世界有自由，有平等，当然一切都要从自身的独立开始。在《勉女权》这首歌的开篇她就写着：

> 吾辈爱自由，勉励自由一杯酒。男女平权天赋就，岂甘居牛后？

而自由是她的首要追求。

《精卫石》第二回，黄知府家生了个女儿，姓黄，自然是黄帝的子孙，起名鞠瑞，以后东渡留学自己改名为"黄汉雄"，"侠胆雄心皆莫及，言谈卓见利如锋。……如此女儿男莫及，拜到须眉愧未宏。"这是她的自我期许，也是自我评价。未完成的《精卫石》第十一回，在她拟的回目中本来叫"黄竞雄"："盛倡自由权黄竞雄遍游内地，大开工艺厂苏挽澜尽拯同胞。"而"竞雄"正是她给自己取的名号，太直白了。

她只恨自己生为女儿身。她在北京时所填的《满江红》就充满了这样的遗憾——

> 身不得，男儿列。心却比，男儿烈！算平生肝胆，因人常热。

她身穿男装，给比她大三岁的京师大学堂外聘日本教习服部宇之吉夫人服部繁子留下难忘的印象——

修长的身材，稍朝前弯曲，浓密的黑发披着，穿着男装，帽子横戴着，一半遮着耳朵，蓝色的西装，似乎不太合身，袖子较长，袖口露出白皙的手，握着一根细细的手杖，肥大的裤腿下露出咖啡色的靴子，胸前系着绿色的领带。脸色青白，大眼，细梁，薄嘴唇。一个挺潇洒的青年人。[1]

秋瑾身穿男装

这一装束有她那张完全一致的西装、鸭舌帽、手杖照片为证。

服部繁子一时竟分不出她是男是女。

对于自己为什么穿男式西装，她告诉服部繁子："夫人您可能知道，在中国，男子是强者，女子作为弱者永远受压迫。我想有一颗男子一样的强者的心，这样，首先外形要像是男的，心也会是男子的心。发辫是夷族风俗，不是中国人必须的。因此，我就穿上了西装。"

她在就义前穿的是月白色竹布衫，梳辫着革履，俨然须眉。她在《自题小照》中说得很清楚："俨然在望此何人？侠骨前生悔寄身。"她只悔自己生为女儿身。赴日留学前，她把女鞋、裙子送给好友吴芝瑛作纪念，说自己已改男装，没有什么用处了。

她在北京，曾身穿青布袍，不脂不粉，足登靴子，与车夫并坐，手持一卷书，招摇过市，旁若无人。世交陶在东在《秋瑾遗闻》中说她是"名士派"，却不知她是有意公开向那个时代人们心中的女子形象说不。

1　服部繁子《回忆妇女革命家秋瑾女士》，转引自章念驰《秋瑾留学日本史实重要补正》，《浙江辛亥革命回忆录》第三辑，浙江人民出版社 1985 年，3 页。

因吴芝瑛的介绍，她与服部繁子结交，她们一同参加了北京的中国妇女启明社，使她得以随服部繁子去东京留学。启明社以"昌明女学，广开风气"为旨，出现于1904年初春。

当年2月1日，天津《大公报》一则《创设女学》的通讯曾报道，一所在北京南城绳匠胡同即将开办的女学堂，已请了浙江省的秋女士为教习。一个月后，《大公报》又以《女士壮志》为题报道，秋女士不想马上接手女学堂教习，因"未经身亲文明教育"，"故极意游东瀛，以觇学务。"这是她留日前夕，最早受到媒体的关注。在《大公报》创办人英敛之的眼里，她已是和吕碧城一样的女中翘楚。

《精卫石》写到第六回，还没有完稿，只是一个残篇。"汉侠女儿"，是她的署名。和她给自己起的号"鉴湖女侠"相呼应，都是以"英雌"自许。不无遗憾的是"英雌"没有流行开来，她赢得的"巾帼英雄"四个字——这是孙文给她的盖棺定论。

二

1904年，是秋瑾的东渡之年，距我落笔之时恰好一百二十年，也是农历甲辰年，距她被砍头尚有三年，距清帝国谢幕还有七年多。这一年，她29岁，正是最好的年华。东京街头，远没有今天繁华，我从老照片上看到的银座、日本桥、浅草寺，似乎都还有几分冷清。尽管现代化的进程已经启动，在战胜北洋水师十年之后，日本即将迎来战胜俄国的举国狂欢。

服部繁子回忆，秋瑾本来一直想到美国学习法律，直到这年初夏，她在整理行装，准备回日本探亲，秋瑾穿着白色的水手服，英姿飒爽地来了，说自己最近改变了主意，想随她去东京。谈话时，秋瑾说了一句："在我国是皱纹受尊敬、白发受崇拜，这些都无法抗拒。我想干那些连男子都要吃惊的事。"服部繁子回了一句："你名誉心太重了，你所说的'让人吃惊的事'，似乎并不是好事。"秋瑾摇摇头说："太太，我常常那么感觉，但我不干坏事。"服部繁子还告诉秋瑾："我们日本现在还是你所憎恶的尊敬皱纹、崇拜白发，所以对你是不适合的。"但秋瑾还是作出了去日本的决定，6 月 28 日出发。为什么弃美赴日？她后来跟同道王时泽说过："日京为吾国志士荟萃之区，其间必多英杰，吾欲往游，以阴求天下奇士，为光复故物之助。"[1]

这年 7 月 2 日，她们乘坐的"独立号"轮船在日本神户靠岸，同行的还有京师大学堂的日籍教师高桥勇。当晚，她们改乘火车到东京。

这一年是明治三十七年，清光绪三十年。7 月 3 日，也就是第二天，《神户新闻》这样报道：

> 昨天，北京大学堂教员高桥勇先生带领留学生秋璿卿在去东京的路上上岸本地。在西村旅馆休息一下以后，当天傍晚由陆路前往东京。

同一天的《大阪每日新闻》也有报道：

> 清国北京大学正教习、文学博士服部宇之吉先生的夫人繁子，同女留学生秋璿卿（二十八岁），昨日上午乘帕伯鲁斯·伯鲁克号

1　王时泽《秋瑾略传》,《湖南历史资料》第一辑，1980 年。

（音译）由大沽到达神户，下榻西村旅馆。同日下午取陆路东上。秋璿卿系北京大官人（正二品）的夫人，将幼子二人托付亲戚，奔日本留学。到京后，据说将在下田歌子女士的家塾中就读。

《大阪朝日新闻》的报道最为详细：

> 北京大学堂教师高桥勇，直隶农工学堂（在保定）教习楠原正三及服部文学博士的夫人繁子一行，（七月）二日上午乘帕伯鲁斯伯鲁克（音译）号抵神户港，落脚海岸西村旅馆。……服部夫人此行与北京官人二品顶戴秋［王］先生的夫人（二十八岁）交情密切，秋夫人矢志留学日本，将二子托人保育，迢迢渡海而来。秋夫人花容月貌，举止稳重。今晚（二日）东上，入下田歌子门下学习。据船客言，这船是上月二十三日［二十八日］由天津始发的。

秋璿卿是秋瑾的字。这也是她的名字首次登上日本的媒体。但这些报道有些不确切的地方，主要是对她丈夫的介绍。早在 1896 年，她就嫁入湖南湘潭的富绅王家，丈夫王廷钧（1879—1909）比她小四岁，字子芳，号纯馨，捐得京官，1900 年到北京，先任工部主事两年，再转任度支部郎中，诰封中宪大夫，最多是正五品，并非正二品或二品顶戴。初到日本，语言不通，她也没有直接进入下田歌子（1854—1936）所办的实践女子学校，而是先在骏河台中国留学生会馆所设的日语讲习所学习日语（直到 1904 年底）。

这年 12 月 2 日（光绪三十年十月二十六日），东京清国留学生会馆编印的《清国留学生会馆第五次报告书》（甲辰四月至十月浙江留日学生调查表）写着：秋瑾（璿卿），27 岁；籍贯浙江山阴；当年五月到东京；自费，在"学校及科目"一栏明确：预备入校。可见此时她还没有转入实践女子学校师范班。

在她之前，比她小六岁的绍兴同乡周树人1902年4月就已来到东京，在东京弘文学院学习日语。此时，正打算前往仙台医学专门学校学医。

日本东京都实践女子大学校长分铜惇说，这所大学前身就是下田歌子1899年创办的实践女子学校，校址先设在麹町区元园町，1903年迁到丰多摩郡涩谷村常盘松。下田歌子本名平尾鉁，丈夫病故后，致力日本女子教育和妇女运动，她的办校宗旨是增进生活于新时代的女性的教养，使她们掌握经济自立的技能，从而提高女性的社会地位。她也创立了帝国妇人协会。1901年，她接收了第一个来自中国的女留学生。第二年，又有四个中国女生提出入学申请，她果决地设置了清国女子留学生速成科。秋瑾进的师范班也是速成性质，修业期只有一年。下田歌子曾对来自北京的大清教育考察官吴汝纶等人夸奖中国的女留学生："倜傥大方，行止自由，论学讲学，一如男子……贵国女子性格高尚，本非逊于人。而特无教育以养成之，遂至于国家毫无关系，实为可惜也。"这一消息源自黄兴等1902年11月创办的《游学译编》第一期，题为《华族女学校学监下田歌子论兴中国女学事》。

到1904年，这一女校已有二百名中国留学生注册在籍。仅这年冬天，就从湖南来了二十名女留学生，经日本文部省同意，专门设立了"中国留学生分校"，也被称为"华族女学校"，于第二年7月18日开学。秋瑾最初入学时，校址还是在常盘松。1905年8月5日，她再次到校，就在东京赤坂区桧町十番地的分校了。这一天，《实践女学校支那留学生分校场日记》明确写着："本日学生秋瑾入校。"

在实践女子学校，下田歌子发现了秋瑾出色的资质与才能，曾对舍

秋瑾

监说："对她进行特别培养"。也可能是因为服部繁子给她打过招呼，说秋瑾有过激思想，她回答："我正想对这样的妇女进行一下教育，请不用担心，我接受她。"服部繁子说她既敬慕慈禧太后是女中英雄，又同情那些反清的革命家，曾保护过流亡者。对于秋瑾，也是同样的态度。她在一次毕业典礼上说："清国，现在还维持着封建制度，在这种君主专制下生活的人，突然到了外国，目睹自由的生活态度，就会容易成为非常激进的民权论者。在形式上，学问不一定会生出乱臣贼子。我一直很担心，严格对待你们，严格甚至残酷地取缔这方面的思想。"这是指秋瑾入学前，胡彬夏等女生要参加拒俄义勇队，她坚决予以阻止。

这所学校的校规很严，没有保证人的保证，不能单独外出或单独与外人会面，除星期天外，每周至多只允许出校门二次，外出和归来都必须向宿舍管理人报告。

对于实践女子学校的伙食等，秋瑾都有意见。她曾在写给服部繁子的信中诉说学校的不完备，老师们的浅学无能。实践女子学校中国留学生舍监坂寄美都子眼里的秋瑾——

她在学校品行端正，严格遵守校规，同学关系也不错。她说话简单易懂，不时地吟咏一些诗句。

她曾把自己在北京拍的男装照给坂寄美都子看过，想试一试对方的眼力。[1]

秋瑾被杀一年之后，1908年日本外务省有个记录，当时中国留日学生男女合计六千余名，其中女生约百余名，大多在这所实践女子学校学习。

分铜惇说，在20世纪初留日的中国学生中，令日本人永志难忘的，男性为鲁迅，女性为秋瑾，巧合的是两人都是绍兴人。

秋瑾自1904年7月3日抵东京，到1905年12月25日动身回国，其间1905年4月到6月因回国筹措生活费和动员女生到实践女校留学，在中国住了三个月。鲁迅从1902年4月到1909年8月在日本留学，其中1904年7月到9月初，1905年7、8月的暑假期间和12月寒假期间，与秋瑾同在东京，很可能有过交集。

日俄战争以1905年5月对马海战中日本海军舰队全胜而告终。这是近代以来，欧洲强国第一次被非欧洲国家击败。从此，日本跨入世界强国行列。那一刻，流散在世界各地的许多亚洲未来的英雄，包括印度的甘地、尼赫鲁、泰戈尔，中国的孙中山、土耳其的凯末尔等都为此感到激动。当时，甘地在南非，还是一个默默无闻的律师，孙中山正在欧洲，凯末尔在大马士革，16岁的尼赫鲁正在前往英格兰哈罗公学的火车上，这个消息让他"心情大好"。泰戈尔在孟加拉的乡村带着学生在小小的校园里举行了胜利游行。

当年9月，《朴茨茅斯和约》的签署正式宣告了日本的胜利。鲁迅也正是在日俄战争后作出了弃医从文的抉择，离开仙台，回到东京。那已是1906年3月。

---

1 《坂寄美都子谈秋瑾》，出口典子记录，原稿复印件。转自《浙江辛亥革命回忆录》第三辑，19页。

许广平听说，秋瑾在日本曾多次造访比她年轻六岁的鲁迅：

秋瑾女士，是同时的留学生，又是同乡，所以也时常来访。她的脾气是豪直的，来到也许会当面给人过不去，大家对她来都有点悄悄欲遁，但是，假使赶快款待餐饭，也会风平浪静地化险为夷。那时女留学生实在少，所以每有聚会，一定请她登台说话，一定拼命拍手。不幸遇害了，先生说："秋瑾是被人拍死的，其实她并没有做什么。"

与鲁迅关系密切的学生、小同乡许钦文也听他亲口谈起过：

秋瑾姑娘很能干，有话当面说，语气很坚决，不转弯抹角，所以有不少人怕她。她爱唱歌，好合群，性格爽朗，而且豪饮，讲话精辟，又热心公益，所以很多人欢喜和她接近。虽然秋瑾姑娘生得很秀气，但人品很高，所以都不敢在她面前讲"浮话"。

鲁迅一生不断地想起秋瑾之死，她的牺牲带来的隐痛，伴随了鲁迅1907年到1936年将近三十年的生命。1919年5月，鲁迅在《新青年》杂志发表重要的小说《药》，不仅重现了十二年前秋瑾在绍兴古轩亭口被杀这一幕，而且以人血馒头和看客的隐喻，深刻反省了那场缔造共和的革命与愚昧的庸众之间的巨大落差。当这场前所未有的新思想、新文学革命兴起时，将执新文学牛耳的鲁迅不过三十八岁。

对于夏瑜被杀，他借刽子手康大叔之口转述了牺牲者的启蒙之言："这大清的天下是我们大家的。"并说："这是人话么？"没有榨出一点油水的狱卒红眼睛阿义给了夏瑜两个嘴巴，而他只感到阿义的可怜。茶馆里，从驼背到花白胡子都和卖人血馒头的刽子手同调。这就是夏瑜为之流血的真实中国。鲁迅小说提供了一个完全不同的视角，与秋瑾被杀之后，上海为代表的舆论场及时作出的反应并不一致。但鲁迅的思考无疑具有特殊的价值。

相隔七年，1926 年 11 月 18 日，鲁迅在散文《范爱农》中再次直面了近二十年前的秋瑾之死——

> 不久，秋瑾姑娘在绍兴被杀的消息也传来了，徐锡麟是被挖了心，给恩铭的亲兵炒食净尽。人心很愤怒……
>
> 照例还有一个同乡会，吊烈士，骂满洲；此后便有人主张打电报到北京，痛斥满政府的无人道。会众即刻分成两派：一派要发电，一派不要发。我是主张发电的，但当我说出之后，即有一种钝滞的声音跟着起来：
>
> "杀的杀掉了，死的死掉了，还发什么屁电报呢。"

这声音来自比他小两岁的绍兴同乡范爱农。就在秋瑾选择提前回国的 1905 年冬天，他随老师徐锡麟到日本留学。

1935 年春天，鲁迅还在杂文《病后杂谈之余》中提及辛亥革命前绍兴中学学生的剪辫风潮："轩亭口离绍兴中学并不远，就是秋瑾小姐就义之处，他们常走，然而忘却了。"当时，离秋瑾就义没几年，而当他写下这些话时，二十八年过去了，离他去世之日也已不远。对于鲁迅的东京岁月，秋瑾已成为绕不过去的存在。

三

不惜千金买宝刀，貂裘换酒也堪豪。
一腔热血勤珍重，洒去犹能化碧涛。

这首《对酒》诗，与秋瑾在日本穿和服、手持倭刀的照片相呼应，几乎已成为她的标准形象。其实，早在北京时她就写过几首刀剑诗。一个女子却偏偏喜欢吟刀诵剑。吴芝瑛的《记秋女侠遗事》回忆："在京师时，摄有舞剑小影，又喜作《宝刀歌》《剑歌》等篇，一时和者甚众。女士原作绝佳，有上下千古、慷慨悲歌之致，惜随手散佚，不得见矣！""睥睨一世何慷慨？不握纤毫握宝刀。"是她《赠日本铃木文学士宝刀歌》中的诗句。

大约 1902 年她从湖南来到北京，在经历庚子之变后的京城，一个敏感的旧式才女开始面对一个急剧变动中的大时代，她直言："人生处世，当匡济艰危，以吐抱负，宁能米盐琐屑终其身乎？"抛弃米盐琐屑容易，但要抛下五岁的儿子和不到两岁的女儿谈何容易。

当她登上东渡的轮船时，其实已经 29 岁，而不是媒体报道的 28 岁，或留学生会馆登记的 27 岁。但在《黄海舟中日人索句并见日俄战争地图》诗中，她还是喊出了晚清中国的最强音："拼将十万头颅血，须把乾坤力挽回。"这样的声音不是出于一个男子，而是一个女子。后来，她在赠给忘年交蒋六山的诗中也有"好将十万头颅血，一洗腥膻祖国尘"的句子。

同样是血，一年前，比她更年轻的绍兴青年周树人在《自题小像》中写下了名句："寄意寒星荃不察，我以我血荐轩辕。"六年后，汪精卫刺杀摄政王失败被捕，在北京狱中写下"他时好花发，认取血痕斑"的诗句。论魄力，都不及秋瑾的"拼将十万头颅血""好将十万头颅血"。最终也唯有她以自己带血的头颅祭奠了一个"已死，方生，将生和未生"的时代。

她是个行动者，一种典型的牺牲型人格，与鲁迅代表的自我保存型人格不同，鲁迅不主张短兵相接、肉搏战，不主张轻言牺牲，而主张打壕沟战，韧的战斗。两种人格类型当然不是非此即彼，而是可以并存不悖的。

1905 年冬天，秋瑾那种不肯妥协的个性就显示出来了。1905 年 11 月 2 日，明治三十八年（清光绪三十一年），日本文部省颁布《关于准许清国人入学之公私立学校之规程》，规定中国留学生进入日本各类学校就读，须持有清国公使馆的介绍书；转学或退学都要有清国公使馆的承认书；中国留学生居住的宿舍或受学校监督的旅馆，"须受校外之取缔"；中国留学生如以"性行不良"退学，不得复令入学。当月 26 日，各校布告这一"取缔规则"，在留日中国学生中引起了轩然大波。

12 月 5 日，秋瑾和姚宁生、黄辉等 17 个女留学生一起退学，搬出学校宿舍。临别之际，她将亲手抄写的《白香词谱》送给了舍监坂寄美都子。

这一词谱手抄本如今还收藏在实践女子大学的图书馆，"工整的楷书，录下一首首词，旁用红色符号，标明了词的平仄，优美的行书，书写了序言，实在是一本珍贵而又有意义的纪念品。"

当天，在富士见楼，三百多名留学生集会讨论，有人提出和平解决的方法，秋瑾大为激动，痛哭演说，感动全场。当场宣布成立中国留学生联合会，她和章士钊后来的妻子吴弱男作为女生代表，参加纠察队，他担任了分区小队长。（陶成章称她组织"敢死队"，任指挥。估计就是指这个纠察队。）

她在演说中批评中国人做事虎头蛇尾，表示以后绝不与留学生共事，失望而去。

因为放寒假，鲁迅正好从仙台来到东京，也参加了富士见楼的集会。他弟弟周作人《知堂回想录》中所说，大约就来自哥哥的口述：

> 这以前秋瑾在东京，在留学生中间有很大的威信，日本政府发表取缔规则，这里当然也有中国公使馆的阴谋在内，留学生大起反对，主张全体归国，这个运动是由秋瑾为首主持的。但老学生多不赞成，从这文字上反对是不成的，也别无全体归国之必要。

第二天，12月6日，从弘文学院开始，早稻田大学、法政大学等校相继罢课。当天上午，各校门口的纠察队甚至持手枪、短刀阻拦留学生上课。

除了陈天华12月8日蹈海自杀引起的轰动，秋瑾的作为最引人注目。有时她会站在水道桥边演讲，狠批"取缔规则"，引起围观，让警察伤脑筋。

12月20日的《东京朝日新闻》报道：

> 中国留学生反抗日本文部省令之事起，各学校之中国生情形如左：下田歌子女史监督之下中国女学生甚多，在实践女学校有十六名，又同校中国留学生分教室有十四名，共计三十名。……该校最先退学者为秋。彼为女留学生之俊秀，常在留学生会馆中演说，此

次事起，彼首倡议退学，人皆称为女丈夫。

这里的"秋"就是指秋瑾。上海汪康年主持的中文报纸《中外日报》于 12 月 29 日转载了这条新闻。

同一天（12 月 20 日），《读卖新闻》有一则报道《清国女留学生——男学生争议的态度》说，在罢课风潮中，女留学生一致响应。如实践女子学校的秋瑾言论最为激烈，每次演说都是痛哭流涕，至为感人。有些女生面对去留问题，心里也很矛盾。即便响应罢课，她们也在宿舍里研习功课。实践女子学校约有三十个学生，除了秋瑾等已搬出的十七人，也都已将行李捆包停当，随时等船回国。（女留学生人数很少，多数人在实践女子学校。）

在另外的日文报道中也突出了她的作为：

> 在清国学生发起人中，有名为秀锦（即秋瑾）的女学生，这个人不但姿色动人，且善雄辩，使须眉男子大为逊色。当此次纠纷爆发之时，她作为首领东奔西走，游说于同学之间，在很短的时间内，集合在她手下的人就有七八百人之多，她指挥这些人，并激励着他们的志气。[1]

当时约八千在日留学生渐渐分成了"联合会"和"维持会"两派，在骏河台的清国留学生会馆每天争论不休。像她这样选择回国的约有二千多人。《东京朝日新闻》在 12 月 15 日和 19 日报道说他们不屑于搭乘日本轮船，电洽上海招商局派轮船来接。其中 12 月 17 日下午搭法国

---

1 【日】大里浩秋《日本人所见到的秋瑾》，转引自郭长海、李亚彬《日本人士对秋瑾的介绍和研究》，王去病、朱馥生主编《秋瑾评集》，中国妇女出版社 2000 年，29 页。

游轮的 228 人，加上日前搭安徽轮回国的合计 410 人。直到 20 日以后学生情绪渐趋稳定，不再有集体回国之举。

但留下来的还是大多数，包括鲁迅、许寿裳，也包括秋瑾昔日的同道、此时却意见不同的湖南人王时泽。

秋瑾回国前夕，浙江留学生同乡会给她开欢送会。她慷慨激昂地说：

> "归国后，若有人投降满虏，吃我一刀！"声音刚出，只见她从靴筒中抽出一把短刀，"啪"的一声插在讲演台上。

鲁迅曾亲眼目睹这一幕，1906 年回家时，跟弟弟周作人谈起当时的情况——

> 秋瑾与鲁迅在日本留学，取缔规则发表后，留学生大起反对，秋瑾为首，主张全体回国，老学生多不赞成，因为知道"取缔"二字的意义并不怎么不好，因此这些人被秋瑾在留学生会上宣告了死刑，有鲁迅、许寿裳在内，鲁迅还看见她将一把小刀抛在桌上，以示威吓。（周作人《鲁迅的故家》）

1905 年 12 月 25 日，秋瑾离开东京，乘坐长江号商船回国，到达上海已是 1906 年 1 月上旬。她在见到吴芝瑛时还拿出了随身带来的那把新倭刀。说："吾以弱女子，只身走万里求学，往返者数，搭船只三等舱，与苦力等杂处。长途触暑，一病几殆，所赖以自卫者，惟此刀耳。"接着喝酒。酒罢，她拔刀起舞，唱了几首日本歌，芝瑛的女儿以风琴和之，歌声悲壮动人。第二天两人分别，从此没有再见过面。

在秋瑾被杀后仅仅一个月，国学大师章太炎在东京写下的《秋女士遗诗序》说了一句话："瑾素自豪，语言无简择。尝称其乡人某为已死士，闻者衔之次骨。"这可以看作是对她的非议，而不仅仅是肯定。有关"已死士"的说法，王时泽回忆，绍兴的胡道南（1862—1910）留日时曾和秋瑾谈论排满革命和男女平权等问题，发生激烈争执，秋瑾当面骂他是"死人"。署名"绍兴逸翁"的《再续六六私乘》也说到此事，胡道南因此怀恨。

而问题在于胡道南并无留日经历，他们之间即便有争执，也不可能发生在东京，只能在绍兴。1889 年，胡道南与蔡元培同年成为举人。1907 年，担任绍兴府学堂学务总办，传说中正是他向绍兴知府贵福密告了秋瑾，而这也可视为他工作的分内事，不是出于私仇。三年后，他遭秋瑾的同道刺杀，蔡元培对此深为不满，一直为他辩护。直到 1925 年 12 月，鲁迅在《论"费厄泼赖"应该缓行》一文中还说了一句"秋瑾女士，就是死于告密的"。倒是胡道南的儿子胡豫（1881—1963）毕业于早稻田大学，与鄞县马裕藻、镇海金体选等同为官派留学生。1906 年在早稻田大学清国留学生部预科卒业，1908 年在留学生部师范本科物理化学科卒业，1909 年研究科卒业。与鲁迅差不多同时回国，在绍兴山会初级师范学堂任教，他们还曾同事过。

四

1905 年 12 月，秋瑾在回国之际写给王时泽的信中说：

> 吾归国后，亦当尽力筹画，以期光复旧物，与君相见于中原。

成败虽未可知，然苟留此未死之余生，则吾志不敢一日息也。吾自庚子以来，已置吾生命于不顾，即不获成功而死，亦吾所不悔也。且光复之事，不可以一日缓。而男子之死于谋光复者，则自唐才常以后，若沈荩、史坚如、吴樾诸君子，不乏其人，而女子则无闻焉，亦吾女界之羞也。愿与诸君交勉之。

这也可以看作是她的绝命书。

这封信与谭嗣同 1898 年的壮语："各国变法，无不从流血而成，今中国未闻有流血而牺牲者，此国之所以不昌也。有之，请自嗣同始。"可以前后辉映。这一部可以歌哭的历史，就是英雄、英雌共同书写的，用的正是他们的热血，而不仅是笔墨。

秋瑾在日本短短不过一年，却以高密度的行动，做了大多数人一生也做不了的事。概括起来就是组织、演讲、办刊三个方面。

到东京不久，秋瑾就和来自湖南的刘道一、王时泽、仇亮、刘复权，来自四川的彭春阳，来自江西的曾贞（字骥才）等秘密结成"十人会"，或称"十人团"，以反抗清廷、恢复中华为宗旨。刘道一生于 1884 年，比她小九岁，湖南衡山人，是华兴会主要发起人之一刘揆一的弟弟。1906 年秋，刘道一奉命回湖南策划浏醴萍起义，12 月被捕，在长沙浏阳门外被杀，成为第一个牺牲的同盟会烈士。"英雄无命哭刘郎，惨淡中原侠骨香。""半壁东南三楚雄，刘郎死去霸图空。"分别是黄兴和孙中山两首挽诗的开头。

秋瑾与陈撷芬一起复活了停止活动的妇女团体"共爱会"。1903 年4 月，当时留日女生仅十多人，他们组织"共爱会"，"拯救二万万之女子复其固有之特权，使之各具国家之思想，以得自尽女国民之天职。"这是最初确立的宗旨。

秋瑾（后排左二）在东京

1904 年 10 月发行的《女子世界》透露，秋瑾拟重兴"共爱会"，实行共爱会的宗旨。她的搭档陈撷芬生于 1883 年，是上海《苏报》主办人陈范的女儿，办过《女报》和《女学报》，当时受"苏报案"牵连，正亡命日本，受父命将嫁给广东商人廖冀朋为妾，留日学界为此哗然。秋瑾召集女同学开全体大会，最终使他父亲取消了这一乱命。

1905 年 3 月，《女子世界》第二年第三期报道：

中国女子在东京者，共百人许，而其最著者，共三十人。就中长于英文者，有吴弱男女士及陈撷芬女士一流；长于汉文者，有秋瑾女士、林宗素女士一流；长于数学、几何、代数者，有陈光璇、黄振坤女士一流。日本学者见之，群啧啧叹服，致日本妇女界亦为之相形见绌。中国将来之女权，实基于此，可谓中国女界前途贺。

她们将"共爱会"发展为"实行共爱会"，不仅主张"学艺"，更倡导"自主"。她给湖南第一女学堂寄去三十份"共爱会"章程，信中说："妹欲结二万万女子之团体，故继兴共爱会，名之日实行共爱会。公举陈撷芬为会长，而妹任招待。"

在她被杀害后，吴芝瑛回忆起她对男女平权的主张：

> 女子必当有学问，求自立，不当事事仰给男子。今新少年动日"革命，革命"，吾谓革命当自家庭始，所谓男女平权是也。

当年 10 月，她和"十人会"中的王、刘、彭、曾及章太炎的女婿龚宝铨等一起从东京跑到横滨，参加"三合会"（或称"三点会"），这是洪门天地会下的反清秘密会社，1904 年春天在横滨成立，第一批加入的有冯自由、梁慕光、陈撷芬、胡毅生等人。她被封为"白扇"（即军师），刘道一被封为"草鞋"或"洪棍"。

从"十人会""实行共爱会"到秘密加入"三合会"仅仅是个开始。1904 年冬天，以"光复汉族，还我山河"为宗旨的光复会在上海秘密成立。1905 年春夏之际，她回国为实践女子学校附属清国女子师范、工艺速成科招生，在上海、绍兴见到蔡元培、陶成章、徐锡麟这些领袖，也都是她的同乡，并决意加入这个要掉脑袋的"光复会"。

当年 8 月 5 日，她返回东京，到实践女子学校报到。他错过了 7 月 30 日的同盟会预备会议，会址就在她学校所在的赤坂区桧町十番地不远处，桧町三番地黑龙会的内田良平家。8 月 20 日的同盟会成立会她也没有参加。

但 8 月 29 日，经冯自由介绍，她就在黄兴的住处填写了入会表，宣誓入会，并被任命为浙江主盟人，在同盟会的名册上名为"秋竞雄"。她加入同盟会也不是什么秘密，舍监坂寄美都子就知道，还说她"严格遵守返校时间"。

值得一提的是秋瑾在东京还组织过"天足会"，女子裹小脚是当时中国的一大痼疾。她主张男女平等，必然提倡天足。她的《敬告中国二万万女同胞》一文开篇就说：

> 唉！世界上最不平的事，就是我们二万万女同胞了。……没到几岁，也不问好歹，就把一双雪白粉嫩的天足脚，用白布缠着，连睡觉的时候也不许放松一点，到了后来肉也烂尽了，骨也折断了，不过讨亲戚、朋友、邻居们一声"某人家姑娘脚小"罢了。

她反对裹脚，"一听见男子喜欢脚小，就急急忙忙把他缠了，使男子看见喜欢，庶可以藉此吃白饭。"从她为《精卫石》所拟第十三回的回目也可知她对天足的倾心：

> 天足女习兵式体操　热心士扬独立旌旗

鲁迅的弟弟周建人在《鲁迅故家的败落》中忆及：

> 大哥便和我讲起秋瑾，说她冲破封建家庭的牢笼，要求革命，这是很不容易的。她有理想，要推翻封建王朝，她有志气，抛开自己的子女，毅然踏上社会，她还主张男女平等，曾在日本留学生中

组织了天足会。

在秋瑾创立和参加过的这些组织中，非政治性的除了"实行共爱会"、"天足会"，还有一个十分重要的演说练习会。她善于演说，并热心提倡演说，用大白话写过《演说的好处》一文。针对人们常说的："这如今岂不有报纸么？有了报纸，岂不能开化民智，为何要演说呢？"她如此反驳——

> ……那些下等的人，更不消说了。一万里头，能有几个认得字呢？既然不认得字，拿了报还不知是横看是竖看呢；况且他们亦不晓得报中的好处。就是有认得几个字的人，报中议论亦解不透，何苦月月花钱去买报看呢？所以开化人的知识，非演说不可；并且演说有种种利益：第一样好处是随便什么地方，都可随时演说。第二样好处：不要钱，听的人必多。第三样好处：人人都能听得懂，虽是不识字的妇女、小孩子，都可听的。第四样好处：只须三寸不烂的舌头，又不要兴师动众，捐什么钱。第五样好处：天下的事情，都可以晓得。西洋各国，演说亦为一种学问，岂非因演说一事，世界上大有关系么？如今我国在日本的留学生，晓得演说的要紧，所以立了一个演说练习会；又把演说的话刻了出来，把大家看了，可以晓得些世界上的世情、学界上的学说。唉！列位不要把这个演说会看轻了，唤醒国民开化知识，就可以算得这个演说会开端的了。

这篇文章刊登在她 1904 年 9 月 24 日创办的《白话》半月刊第一期上，《白话》共办了 6 期，每期售价五十文，可惜迄今只找到 3 期。当年 10 月，《女子世界》第一年第十期有两则与此相关的报道："女学生演说练习会，设于留学生会馆，为练习演说而设。会席中女子部分，各逞其娇辩，清论滔滔，不亚于男子。"并说会长秋瑾来年将进女子高等师范学校受学，她们发行的《白话》杂志，则多记述会场上的演说词。

秋瑾创办的《白话》

比秋瑾年轻七岁的宋教仁流亡东京之初，紧锣密鼓地筹办《二十世纪之支那》杂志。1905 年 1 月 13 日，宋专程到她的住所拜访，谈了很久。当时她和几个同道组织的演说练习会在东京的华人圈子里已有影响，每月开会演说一次，《白话报》已出了第二期。宋当面对她说，"愿入此会"，她也答应了。

秋瑾的演说动人，在东京赢得了不少掌声。早在 1904 年 9 月 22 日，谭嗣同等"戊戌六君子"成仁六周年纪念日，留日学生公祭之后，同人演说，"以浙江秋璇卿女士为最沉痛，慷慨淋漓，一字一泪。是日到会者有一百二十余人，闻者皆泣下。"这是当年 10 月《女子世界》第一年第十期的报道。

在她遇害二十年后，鲁迅仍不无沉痛地说："想到敝同乡秋瑾姑娘，就是被这种劈劈拍拍的拍手拍死的。"这句话出自 1927 年 10 月 1 日出版的《语丝》周刊上刊登的鲁迅给李小峰的信。秋瑾的至交徐自华、也就是邀请她去任教的南浔女校校长，在《鉴湖女侠秋君墓表》中有一席话，如译成白话，不足以传递其本意——

东国留学慕君者众，每际大会，辄以君一得临莅为荣。而君亦负奇磊落，往会，则抠衣登坛，多所陈说，其词悲感激切，荡人心魂。人之闻者，未尝不泣数行下，而襟袖为之渍也。

作为演说练习会发起者、《白话》半月刊创办者，演说的践行者，从 1904 年到 1905 年，秋瑾短短一年的东京岁月，曾经搅动了许许多多留学生和流亡客的内心。日本媒体也记下了这位女丈夫"秀锦"的风采。

"休言女子非英物"。在她身后，1920 年秋天到日本留学、1921 年 2 月进入日本九州明治专门学校电机专业的杭州人夏衍（1900—1995），后来成了一位剧作家和报告文学作家。1936 年，也就是秋瑾被杀近三十年后，他完成了一部话剧《自由魂》。为何以"自由魂"为题？因为夏衍想起了念中学时，他敬爱的国文老师、绍兴人谢乃绩给他们讲解"秋风秋雨愁煞人"和秋瑾殉国的故事，用严肃的口吻告诉他们："秋瑾的死，不单是为了女界的自由，也是为了全中国人民的自由。"

1904 年，当秋瑾东渡前夕，吴芝瑛给日本朋友的引荐书中这样介绍她："今痛（吾国）女学之不振，在京创设学会，大声疾呼，欲以一身挽回数千年之积习，使吾国二万万女子脱此沉痛，以达其自由之目的。"

1905 年，她以"秋竞雄"名义起草的《实践女学校附属清国女子师范、工艺速成科略章启事》中，呼吁中国的姊妹们："……束轻便之行装，出幽密之闺房，乘快乐之汽船，吸自由之空气，络绎东渡，预备修业。而毕业以后委身教育，或任教师，或任保姆，灿祖国文明之花，为庄严之国民之母，家庭教育之改良，社会精神之演进，无量事业、无量幸福，安知不胚胎于今日少数之女子。"在她心目中，文明、幸福总是跟自由连在一起的。奈何风气未开，应者寥寥。

"自由"一词一而再地出现在她的笔下，她在留日后填的一阕《满江红》中就有"自由香，常思爇"之句。她所写的《我羡欧美人民啊》歌词开头也说："得自由，享升平，逍遥快乐过年年。"这一切都与她在《勉女权歌》中喊出的"吾辈爱自由"一脉相通。她在世不足三十二年，却铸就了一个不折不扣的自由魂。

1918 年，在她牺牲十一年后，少年夏衍在西子湖畔听到国文老师的那番话。再过十八年，他的《自由魂》脱稿，就是向秋瑾的自由魂致敬。

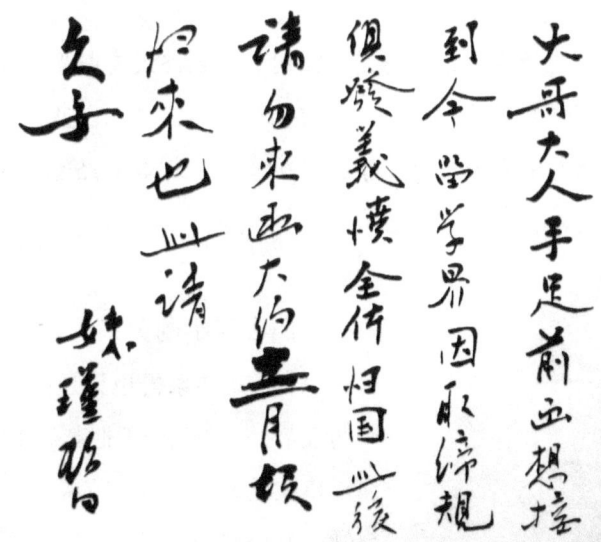

秋瑾手书

黄兴:"成之者何必在我"

一

1936 年 10 月,鲁迅在生平最后一篇未完成的文章最后写下:

> 而黄克强在东京作师范学生时,就始终没有断发,也未尝大叫
> 革命,所略显其楚人的反抗的蛮性者,惟因日本学监,诫学生不可
> 赤膊,他却偏光着上身,手挟洋磁脸盆,从浴室经过大院子,摇摇
> 摆摆的走入自修室去而已。

黄兴

人们心目中的黄兴(克强)"雄健不
可一世",文学家鲁迅只是提供了一个小
小的细节,一个无损于他英雄形象的细节。
那是真实的黄兴,初到东京,尚未成为革
命健将的普通留日学生。

此时离黄兴去世已有二十年,离鲁迅
去世也只剩下了两天。他们同一年进入东
京弘文学院,都是在 1902 年,鲁迅进的
是普通速成科,黄兴作为张之洞创立的两

湖书院所选送的官费生，进的是学制一年的速成师范班。当时他叫黄轸，已经二十八岁。

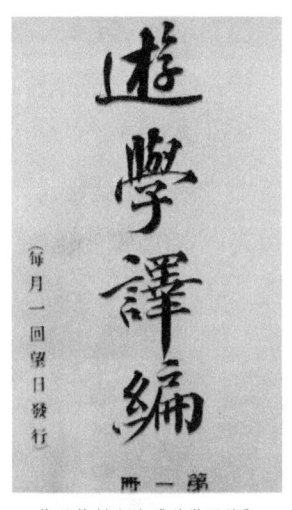

黄兴等创办的《游学译编》

他的第一次东京岁月，从 1902 年 5 月到 1903 年 5 月 31 日，虽然只有短短一年，却也做了不少事。

1902 年 11 月 24 日，他就和陈天华、杨笃生、樊锥、陈范、张孝准等发起创办《游学译编》，接着组织湖南编译社。刘成禺、李书城等办《湖北学生界》，也得到了他的支持。

他醉心于卢梭的《民约论》（今译《社会契约论》），"力主根本改革"。他翻译过日本学者山田邦彦的《学校行政法论》，在《游学译编》第二期到第四期连载。

1903 年春天，他在弘文学院的湖南籍学生中组织了"土曜会"，最早产生武装救国的念头，就在此时。他认为，"救国不独心力，尤以身力为必要。只有挺身杀敌或杀身成仁，才真有力。"他在"土曜会"以军国民革命的路线相号召，力促石陶钧放弃造兵而从事用兵，以破坏现状为出路。

那个时候，他就十分留意军事技能的研习，课余听日籍军官讲授军略，还参观过士官联队的兵操。他每天早起，必定去神乐坂武术会去演习骑射。按照武术会的规定，凡能连中靶之红心六次，就可得到银质奖牌。刘揆一说他射无不中，所得的奖牌装了一抽屉。

1903 年 4 月 29 日，东京的中国留学生为反对俄国军队进占东三省，自发组织"拒俄义勇队"，黄兴也积极参与。

几天后，"拒俄义勇队"改称学生军，编为三个区队，每个区队分为四个分队，黄兴与钮永建、方声洞等八人列名乙区队三分队，这个名单曾公开发表在上海的《苏报》上。

应清廷要求，日本政府让警察解散了学生军，到 5 月 11 日，又改组为"军国民教育会"，其中设"运动员"，就是回国运动革命的意思，黄兴、陈天华是负责湖南、湖北的"运动员"。"运动员"的名单包括：

程家柽（运动南洋各岛）

张嵩云（横滨、神户、大阪、长崎）

费善机（西浙一带）

丁嘉墀（浙江）

俞大纯（南京一带）

黄轸（湖南及湖北、南京）

杨毓麟（江南）

陈天华（湖南）

以上自认，自费

黄铎（长江一带）

余德元（湖北）

朱祖愉（美洲）

以上推举，自费

黄润贵（横滨、神户、大阪、长崎）

以上推举，自费

虽然自认或推举的"运动员"有这么多，但真正回国实行革命的，他可以说是第一人。1903 年 6 月，他从东京来到上海，圣彼得堂的吴国光会长在自己的名片上写了一封信给长沙圣公会的黄吉亭会长，称他为"黄兴",从此他就以这个名字留在历史上。

在弘文学院的这一年,是他革命的准备期,虽然还没有显示出领袖风范,但许多人脉关系此时已布下,细考"军国民教育会"的名单,许多骨干正是他将来的得力同志。更重要的是,这一年他在东京开了眼界,知道有法国大革命、英国光荣革命,所接触的西方知识使他成为一个对共和政体有初步认识的人,立志以国民革命推翻清王朝。

正是这次回国,他结合两湖的志士刘揆一、陈天华、宋教仁、杨笃生等,1903年11月4日在长沙创立了华兴会。那一天是他三十岁生日,以生日聚会名义,二十多人聚在一起,他被推为会长。华兴会最初的参加者几乎都是留日学生或随后成为留日学生。

他动身回国前夕,刘揆一向他建议,要在湖南发动革命,必须与哥老会结合,才能造成声势。刘与湖南哥老会的龙头马福益关系很深。他们与马福益当面约定共举义旗。起义时间定在1904年11月16日,也就是慈禧太后七十生日这一天。不料计划泄露,他在黄吉亭牧师帮助下逃出湖南,踏上亡命之路。

二

1904年冬天,黄兴作为流亡者第二次来到东京。不久,上海商务印书馆出版的《东方杂志》披露了黄兴在湖南起义的消息。他的真实身份还是很快暴露了,聚集在他身边的不仅是两湖的同道,还有一些日本的朋友。湖南的章士钊说过一句话:"在海外谈革命者万人,不如在本国谈革命者得十人;在租界谈革命者千人,不如在内地实行革命者得一人。"华兴会起义失败，黄兴在许多人心目中的分量却变得很重，就是因此。

1905年4月3日，因《革命军》一书在上海租界被捕判刑的留日学生邹容死于狱中。当月21日，东京留学生会馆集会商议调查邹容死因，公推黄兴主持。5月7日，湖南同乡会公开会以高票选他为总理，他坚辞不就。

当然，也不是所有人都支持他。曹亚伯回忆，"黄兴来后，欲结合各省之同志立一革命总机关，而戊戌变法后长沙时务学堂逃去之一班学生，如杨度、范源濂等，俱不愿戴黄兴为首领"。杨度来自湖南，但不是时务学堂的学生。

同盟会的成立，毫无疑问他是最重要的推动力之一。此时，他不过三十出头，却是重量级的领袖人物。三年前曾在弘文学院短期同学过的胡汉民评价他：

> 先生雄健不可一世，而处事接物，则虚衷缜密，转为流辈所弗逮。先生使人，事无大小，辄曰慢慢细细……

"慢慢细细"，与"雄健不可一世"并不矛盾。

与宫崎寅藏说是自己介绍孙、黄见面不同，湖南人章士钊回忆，孙、黄第一次见面在东京牛込区若宫町二十七番地，他本人就在场。他说黄兴当时就没有与孙中山争领袖之意，更无自树一帜的打算，而是愿意倾心合作。

在同盟会成立大会上，也正是黄兴主动提议："公推孙中山先生为本党总理，不必经过选举手续。"黄兴主持处理日常事务的庶务部。

同盟会最初两年（1905年和1906年），在中国所有的省份中，来自湖南、湖北会员比例很高。留日学生出身的黄兴，在这个群体中更容易得到广泛的认同。几年前，他参与组织的"军国民教育会"，也造就了他作为同盟会首要军事领袖的地位。

在东京留学的陆军士官生至少有93人加入同盟会，包括李根源、李烈钧、程潜、李书城、赵恒惕、黄郛、尹昌衡、温寿全、仇亮、陈之骥、王孝缜、袁华选等，武昌首义之后，各省起来响应并掌握了实权的正是以这批人为主。这些人入会多数都是黄兴主盟。1905年9月30日，阎锡山、温寿泉等山西留日学生入会，主盟人就是他。

李书城回忆，"黄先生以为陆军学生须在回国后掌握兵权，不可暴露革命的真面目。因此，他嘱陆军学生中的'同盟会'会员，不到同盟会总部往来，陆军学生的入党证也由黄先生一人独自保管。并商议由陆军同学在同盟会会员中，选择一批坚贞可靠的同志另组一个团体，名曰'丈夫团'，以孟子所说的'富贵不能淫，贫贱不能移，威武不能屈'作为团员应具的品德。"以后做了都督、军、师、旅、团长的人中，"多属'丈夫团'的同志，都是黄先生所熟知的人。因此革命军人与黄先生有特别深厚的感情，他在革命军人中具有极高的威信。"李书城也是"军国民教育会"的成员。这些渊源早在历史展开的过程中埋下了伏笔。

黄兴手迹

黄兴与宋教仁、张继、刘揆一他们的关系也是如此。华兴会虽然不在了，但昔日华兴会的骨干一直在同盟会内占有重要的地位。当黄兴离开东京前往南洋、香港或两广、云南边境时，接替他主持同盟会总部日常事务的人选就包括了这些人。

同盟会的机关报《民报》也源于宋教仁他们创办的《二十世纪之支那》。

世人以"孙黄"并称，所谓"孙氏理想，黄氏实行"由此而来，以黄兴为革命的实行家，扎硬寨，打死仗，给人的形象总是在第一线冲锋陷阵。

同盟会成立的当年，1905 年 12 月，他就离开东京，前往香港，化名"张守正"，潜入桂林的军营，策划起事，当时蔡锷也在这里任职。直到第二年 9 月才返回东京。宋教仁见了他十分高兴，9 月 25 日有一夜长谈，宋听了他的经历，认为他的冒险心、激进心太甚，想劝劝他，但他不听。

"克强雄而不英"是湖南同乡谭人凤对他的评价，说他待人接物"有一种休休之容，蔼蔼之色，能令人一见倾心"，这是他"生平最长之处"，"而其最短之处，则颇刚愎自是，不听人言，好恭维……无怪乎誉满天下而事业终不能成也。惜哉！"

三

在武昌首义之前，最震撼人心的就是 1911 年 4 月 27 日的广州起义，因死难者集体葬在黄花岗，又称黄花岗起义。遇难者中有不少留日学生：

林觉民（1887—1911），庆应大学专攻哲学，兼习英语、德语

林文（1887—1911），日本大学法科

方声洞（1886—1911），千叶医专学校（今千叶大学医学部）研制炸药

喻培伦（1887—1911），千叶专门医校药学科研制炸药

林尹民，日本第一高等学校

陈与燊，早稻田大学

石德宽，日本警监学校

这一役黄兴就在第一线指挥，右手两个手指被打断，几乎丧命。

我想到1906年12月2日他在《民报》一周年纪念大会上发表的演讲，听众主要就是留日学生，他从"表同情"生发开来——

但是兄弟所望于诸君的，却还有再进一步，表同情三个字不过是旁观的说话。凡是革命的事业，世界人人都表同情的，唯有自己的国民却不仅要表同情，而是要他负这革命的责任。（拍掌大喝彩）。诸君现在都是学生，就拿学生的责任来说，1817年的时候，奥国宰相梅特涅利用俄皇的势力，结神圣同盟会，压制革命党，得普鲁士的赞成。到了十月，开宗教革命三百年祭同利伟亚瑟战胜纪念祭，耶路大学学生齐去市外运动各州响应，革命党从此大盛。这样说来，欧洲大革命的事业是学生担任去做的。（拍掌大喝彩）日本的革命，人人都推西南一役。那西乡隆盛所倡率的义师，就是鹿儿岛私立学校的学生。这样说来，日本的革命事业也是学生担任去做的。（拍掌大喝彩）诸君莫要说今日做学生的时候，是专预备建设的功夫，须得要尽那革命的责任。今天这会，就是我们大家拿着赤心相见，

誓要尽这做学生的本分的（拍掌大喝彩）。

胡汉民记录的这一席话，发表在《民报》第十号上。相隔未久，当年 12 月 31 日，奉命回湖南活动的刘道一遭杀害，成为第一个为革命付出生命的留日学生，年仅 22 岁。

刘道一是刘揆一的弟弟，从东京回到家乡湖南，策动起义，将哥老会改称"大龙山号龙江会"，洪江会盟的誓词第一句就是"誓遵中华民国宗旨"，这是第一次出现"中华民国"这个说法（同盟会的十六字誓词中只有"民国"一词），比章太炎在《民报》发表《中华民国解》还要早。

得到萍浏醴起义失败的消息，黄兴悲愤击桌，寝食俱废。远在东京的他也成为湖广总督张之洞悬赏五百金缉拿的"湖南匪目"，名单上的"黄度武"就是"黄庆午"之误。湖南巡抚岑春蓂上奏清廷："确查黄近午等如尚留学东京，均令退学，电饬沪道截拿，并电咨沿江沿海各省一体严缉。""黄近午"也是"黄庆午"之误。宋教仁日记中提及黄兴几乎都是称"庆午"。

等到刘道一的噩耗传来，他更是哀痛欲绝，与刘道一的哥哥刘揆一相抱痛哭说："吾每计议革命，惟伊独能周详，且精通英语，辩才无碍，又为将来外交绝好人才，奈何即死于是役耶？"他写下了沉痛的悼诗："英雄无命哭刘郎，惨淡中原侠骨香。……眼底人才思国士，万方多难立沧溟。"

出现在黄花岗烈士名单中的那些留日学生，正是他当年所呼唤的，不仅是"表同情"，而是拿自己年轻的生命尽了革命责任，也是他心目中和刘道一那样的国士。

四

刘道一回国前,黄兴跟他有过一席谈话:

"今之倡义为国民革命,而非古代之英雄革命。洪会中人,犹以推翻满清为袭取汉高祖明太祖洪天王之故智,而有帝制自为之心,未悉共和真理。将来群雄争长,互相残杀,贻害匪浅。望时以民族主义国民主义多方指导为宜。"

此时,共和思想已植根于黄兴的心中,他明确自己从事的是国民革命,而不是以改朝换代为目标、打天下坐天下的英雄革命。正是这样的认识,使他成为立制者,在古老帝国的遗址上决意创立全新的民国,国民主义、共和思想就是他的精神根基。这才可以理解,他在民国初年进退之间的选择。当孙中山辞去中华民国临时大总统之后,他没有多久也辞去手握重兵的南京留守之职。

当时,有许多人认为他放弃责任,对他的辞职之举很不理解。在他跟刘道一所说的这番话中,未尝不可以找到思想来源。他的一生立功、立德,而不是立言,他最大的功绩则是立制。作为革命的实行家,他算不上是思想家,但这些思考放在辛亥革命史上还是重要的。

在同盟会内部的矛盾冲突中,他之所以一直维护孙文的领袖地位,也正是出于他的深思熟虑和甘为配角的角色意识。他与孙文之间事实上也有分歧,一度甚至要退出同盟会。同盟会总部编订革命方略时,对于未来国旗的图案,孙文主张采用青天白日旗,认为这是兴中会烈士陆皓东设计的,要留作纪念。而黄兴认为青天白日旗与日本的太阳旗太接近了，主张用井字旗，以表示井田制度之社会主义意义。而孙坚持用青天白日旗，只是在青、白两色之外，增加了红色。

为了缓和孙、黄的矛盾，1907 年 3 月 9 日中午，日本人宫崎寅藏曾在东京凤乐园请黄兴、宋教仁、章太炎、张继等聚餐。

国旗图案的不同意见只是孙、黄分歧的导火索，孙的独断长久以来已让他难以接受。所以才会在宋教仁面前表露了不满。最后他不仅没有退出同盟会，而且对胡汉民说了这几句话：

"名不必自我成，功不必自我立；其次亦功成而不居；先生何定须执着第一次起义之旗？然余今为党与大局，已勉强从先生意耳。"

孙、黄没有决裂，自然是因为黄兴的退让。

同盟会总部最为涣散的时刻，他每次从香港或西南边境指挥武装行动回到东京，也总是积极行动，有所作为。

1908 年 5 月 27 日，上海《神州日报》公布了两广总督、云贵总督悬赏缉拿他和胡汉民等人的消息，他的赏格是五千元，胡汉民四千元，汪精卫、田桐、刘揆一、谭人凤各二千元。

6 月底，他到东京，发现同盟会内意见分歧，各立门户，宋教仁陷入贫困之中，心情抑郁，焦达峰、孙武、张百祥等另组共进会。在这种情况下，他在大森重组了体育会，聚集同志，研习军事，为未来的武装起义做准备。他聘请日籍教官，并亲自教授军事技能，每周演习行军战斗，将学员分为两军，他与日籍教官各领一军。在夜袭和拂晓攻击等战术运用上，他带的一军常常获胜。参加武昌首义的孙武、在长沙起义响应的焦达峰、在四川起义的夏之时、炸死满族亲贵将军良弼的彭家珍都是体育会的会员。

自 1908 年《民报》被禁后，大家都感到沮丧，同盟会本部已难以维系正常的运转。

1909 年春天，黄兴邀请同盟会各省分会长商量，在东京小石川区水道町 52 号设立"勤学舍"，作为集会研究之处。与体育会不一样，"勤学舍"主要是凝聚涣散的人心。他设想经费按捐摊会费的办法，由分会长每月催收汇缴。一开始，大家还颇为踊跃，但没多久就冷落了，每个月的会费也收不起来。最后靠他自己去借高利贷维持，以致债台高筑。

"勤学舍"最终因经费难以为继，不得不解散。他为此痛惜感叹。

从 1905 年同盟会诞生，到 1911 年黄花岗起义，六年间，黄兴的作为显示了"虽千万人吾往矣"的勇气，离开了他，一部辛亥革命史真不知从何说起。他说，"天下事所谓不爱钱，不要命，无不成者也。"他也由此赢得世人的敬重。武昌起义之后，章太炎曾倡言："若举总统，以功则黄兴，以才则宋教仁，以德则汪精卫。"但他始终没有动过取孙文而代之的念头。孙文能顺利当选为临时大总统毫无疑问与他的态度有关。

五

作为民国的缔造者，黄兴恐怕没有想到过还要再一次流亡东京。宋教仁于 1913 年 3 月 20 日遭暗杀，政局大变，黄兴主张"以其制人之道，还制其人之身"（也就是采取暗杀行动），被孙文否决，坚持发起"二次革命"。黄兴仓促到南京指挥军事行动，接任"江苏讨袁军总司令"。兵败之后，他取道香港，再度前往日本。袁世凯悬赏十万大洋通缉他。这一年上距他 1902 年到东京留学，已有十一年，他参与创造的民国已经诞生，而他却要再次亡命，历史的诡谲多变、跌宕起伏，又一次将他带到东京。

黄兴在东京

他乘坐的静冈丸从上海到香港，再从香港经上海到横滨，为了避人耳目，曾经穿上大衣、披上毛毯躲在冷冻蔬菜的大冰箱里，多数时候则住在船上邮局专堆信件的大箱子里，洗澡则去服务生专用的澡堂，不与其他旅客接触。一路上他都在看当时轰动日本文坛的德富芦花的作品《不如归》。在照顾他的日本船员上田静作眼里：

> 黄先生身躯魁伟，脸白，眼睛很大，大约四十岁，说一口流利的日本话。黄先生完全不喝酒，喜欢吃日本菜，而不喜欢西餐；更欢喜洗澡，一天最少要洗一次，多时要洗两次到三次。而且，连洗澡时也要把手枪放在身边。

从1913年8月27日到1914年6月30日，他在东京停留了十个月。期间，孙中山重组中华革命党，"以服从命令为唯一之要件"，党员"必当完全服从党魁之命令"，入党手续很严，党章第十一条规定："凡于革命军未起义之前进党者，名为首义党员；凡于革命政府成立以前进党者，名为协助党员；凡于革命政府成立后进党者，名曰普通党员。"第十二条规定："革命时期之内（指宪法颁布前），首义党员，悉隶为元勋公民，得享一切参政、执政之优先权利；协助党员得隶为有功公民，能得选举及被选举之权；普通党员，得隶为先进公民，享有选举权利。"

在孙中山亲手定的入党誓约中，有"愿牺牲一己之生命自由权利，附从孙先生再举革命"这一句，并要求入党人在署名下面加印指模。黄兴认为这些条件"前者不够平等,后者迹近侮辱"——

"无论维持国民党的名义或者另组新党,领袖非孙先生莫属。但是硬要在誓约上写明,这无异是服从一个人帮助一个人搞革命;硬要在誓约上打指印,这等于犯罪的人写供词一样,两者都违背平等自由精神。至于党员入党之后,都是共患难同生死的革命同志,应该一律看待,而不应有'首义党员'、'协助党员'、'普通党员'之分,更不应以所谓'元勋公民'、'有功公民'、'先进公民'享有权利不同相号召。"

他指出"若徒以人为治,慕袁氏之所为,窃恐功未成而人已功其后,况更以权利相号召者乎?"他不愿孙文"反对自己所提倡之平等自由主义",拒绝加入中华革命党。

1914 年 6 月初,他写给孙文的回信中说:"但弟自抵日以来,外察国势,内顾党情,鉴失败之主因,思方来之艰巨,以为此次乃正义为金钱、权力一时所摧毁,非真正之失败。"因此提出要从根本上做去,把历来所抱的主义发扬光大,"不为小暴动以为急功,不作不近情言以骇流俗,披心剖腹,将前之所是者是之,非者非之,尽披露于国民之前",恢复在人民中的信用;宽宏大量,"使异党之有爱国心者有所归向";然后,"合吾党坚毅不拔之士,学识优秀之才,历百变而不渝者,组织干部,计画久远,分道进行"。

孙文耿耿于怀的却是"中国军界俱是听黄先生之令,无人听孙文之令者。孙文所率者,不过一班之无知少年学生及无饭食之亡命耳"这一传言,所以写信给黄兴,希望他禁止亲信部下对于外人,"自后绝勿再言"此等流言。他在回信中恳切表示:"绝对无部下名词之可言。若以南京同事者为言,皆属昔日之同志,不得谓之部下。"

孙、黄分歧这不是第一次,但这一次最为严重。他认为新败之余,党人精神涣散,应着意培植新生力量,等待时机。

1914年春，他在东京创办"浩然庐"和政法学校，前者主要是研究军事，后者研究政治。当时，曾任江西都督的李烈钧带出十余万元，靠的就是这笔钱。他为"浩然庐"题写的"汉贼不两立"、"大盗窃国吾辈之责"，都是针对袁世凯的。"浩然庐"委托日本陆军上尉青柳胜重负责，出入其间的是陈铭枢、钱大钧、胡景翼、李明扬这些军人，他们的名字都留在了民国史上。

政法学校由东京帝国大学教授寺尾亨主持，教室借用的东京锦町锦辉电影院对门的工业专门学校，因为这个学校的学生每天下午都要去工厂实习。政法学校最初设有政治、经济专修科，当年9月又增设了法律专修科，还有日语专修科。学生最初有一百八十人，最多时达到三百多人。授课的老师来自东京帝国大学、早稻田大学、庆应义塾大学，教政治学的小野塚喜平、教财政原论的崛江归一、教西洋史的本多浅治郎、教比较宪法的野村淳治和渡边信、教行政泛论的岛村他三郎、教经济原论的小林丑三郎、教法学通论的中村进午、教民法总论的乾政彦、教政治史的吉野造作、教国际公法的寺尾亨，都是一时之选。当时在政法学校就读的刘士毅回忆，那些教授多是同情革命党的，不取分文报酬，纯尽义务。因为学生中不懂日文的人很多，上课还有翻译。经常担任翻译的是戴季陶、殷汝耕、殷汝骊等人，其中戴季陶、殷汝耕担任的时间最多。学校前后存在了约二年半，入学的不仅是中国的流亡者，也有不少在日本各大学的中国学生。

我们不难想到昔日黄兴在东京创设大森体育会和"勤学舍"的情形。

从1914年5月29日黄兴化名冈本写给刘承烈的回信中可知他的心态："党事弟久灰心。"孙文在中华革命党设"协理"一职，虚位以待。他再也不会接受。孙文甚至说，先由自己办两年，如果不成，则让他独办。他对此不以为然，回信说："弟窃思以后革命原求政治之改良，此乃个人之天职，非为一公司之权利可相让渡，可能包办者比"。

他于这年6月底就动身去了美国，直到1916年5月9日才回到日本。

此时，国内局势已发生巨变，袁世凯即将离世，蔡锷等发起的护国运动正如火如荼。他自己的生命也已进入倒计时。

黄兴常说："事苟有济，成之者何必在我。"不争权位，只重做事，是他的人生准则。他给历史留下的是一种人格的力量，虽然谭人凤说他"雄而不英"，但不完美的英雄才是真英雄。

宋教仁："破坏容易，建设难"

一

　　1904 年 12 月 23 日，当宋教仁作为流亡者来到东京，只有二十二岁。他生平参与的第一次华兴会起义失败，被迫亡命，从湖南一路辗转到了上海，12 月 4 日登上前往日本的轮船，在海上近二十天。初到东京，他对街市都感到新鲜。

　　他是湖南桃源人，在湖北文华书院普通中学堂念书，结识的都是两湖的年轻学生。在东京和他来往的最初就是这些人。他们在东京有"文普通同学会"，有湖南同乡会，开会时可以来二百人。他的家乡桃源属于湘西，也有湘西学会。他在两湖的青年人中有一定的影响力，这成为他在东京活动最初的基础。这也是同盟会诞生之前，他主要的交往圈子。

宋教仁

　　他有超强的行动力。到东京不足一个月，1905 年 1 月 2 日，他就向张步青等人建议办一个杂志。第二天，他们在越州馆召开杂志发起会，有十多人参与，由他演说发起的原因和简单办法。有人不以为然，认为不如办个小说报，与他再三辩论。最后大家议决还是办杂志为好。这才定下来。当场推他和张步青委暂行经理，并由他起草一个章程。

第三天，他就拟出了洋洋洒洒四十三节、十九章的杂志章程稿。

两天后，二十多人又一次聚在越州馆开会，通过了他起草的章程，他被推举为总庶务。从此，他几乎每天都在为这个杂志奔走。当时在东京组织演说练习会，并办《白话》杂志的秋瑾也是此时结识的。

在他短短的一生中，一共参与过三个报刊，付出心血最多的就是他一手创办的《二十世纪之支那》，虽然就影响而论，远不及《民报》和《民立报》。毫无疑问，他是《二十世纪之支那》的第一推动力。离开了他，就不可能有这个杂志。他不仅自己写稿，而且催稿，事事都要操心。1905年1月24日这一天，他催促雷道亨赶紧起草发刊词，又连夜为杂志的事，给警钟社、中外日报馆、时报馆、中国日报馆等媒体写信，请求他们代登章程。不久收到过中国日报馆记者冯自由的回信，愿意代派《二十世纪之支那》。

一批没有什么经济实力的年轻人要办杂志，首先面临的就是经费问题。到3月19日，杂志还未能付印。他召集了三十多人开会，在演说中指出，杂志所以不能出版，首先是由于各社员股金未交，经费不足；其次文稿没有收齐。希望全体社员一起设法维持。他一说完，陈天华就提出辞去总编辑之职。最后，会议无果而散。他在日记中无奈地写了一句："噫，亦可叹矣！"会后，他接连收到来信，建议《二十世纪之支那》从此解散。为此他在3月26日又召集了一次会议，赞成不解散的占了多数，但他也辞了总庶务一职，另推一人担任。尽管如此，他仍没有放下责任，自始至终都是这一杂志的灵魂人物。到5月间，他不时在其他报刊看到有关《二十世纪之支那》即将出版的消息，而杂志还在艰难的孕育中。直到 6 月 24 日，经过差不多半年的准备，《二十世纪之支那》第一期终于问世了，版权页以黄帝纪年，这也是他的主张，就是要与清廷切割。此时距他到东京，不过半年。

7 月 19 日，宋教仁去宫崎滔天家，听说孙文不日将来日本。宫崎滔天对于孙的评价极高。当月 28 日，孙就来到《二十世纪之支那》社跟他们见面。孙与黄兴也已见过面。两天后，七十多人在东京赤坂区桧町三番的黑龙会聚会，同盟会呼之欲出，二十三岁的宋教仁是不可或缺的中坚力量。8 月 13 日，在富士见楼举办的欢迎孙文的大会，就由他致欢迎词。这是同盟会正式成立前的一次盛会。相隔一星期，同盟会正式成立。会上黄兴提议将《二十世纪之支那》作为同盟会的机关报。

到 8 月 27 日，《二十世纪之支那》第二期刚刚印刷装订完毕，警察就上门了，对他说："此书须押收，不能发卖。"到了警署，警察告诉他："此杂志有害公安，须押收也。"他说："出版自由，非贵国宪法所许乎？"警察答："然，但只指不害公安者。"经再三交涉，警察才告知："此依内务大臣之命令，余辈实不知。"第二天，他看到官报上内务大臣的告示："《二十世纪之支那》第二号，妨害安宁秩序，禁止颁布发卖，并差押印本之处分"。起因是其中《日本政客之经营中国谈》一文，惹恼了日本政府。

所以，《二十世纪之支那》一共也只出了两期，而且第二期未来得及发行就遭封杀。但作为《民报》的前身，这一杂志却相当重要。1906 年 12 月 2 日的《民报》一周年纪念大会盛况空前，他想起自己初到东京，倡办《二十世纪之支那》，共事的不过数人，赞成者寥寥无几，反对者却到处都是，以陈天华的热心也中途退避，"经几次之波折，几多之变换，始克出报，其艰难之境及余当时之苦心孤诣，实不堪感慨系之矣。"

二

宋教仁到东京之初，一心想学军事，而不是法政。1905年3月10日，他得知日本有体育会附设的兵事讲习所，专门教授徒手及兵式操法。当天，他就去报名缴费。练习体操是很辛苦的，他劝同伴一起坚持了下来。后来体育会设立乘马练习所，从未学过马术的他又报了名。4月7日，他有生以来第一次骑马，当天就从马上跌下，在地上躺了四五分钟才起来。

马术比体操更苦，从马上跌下来就有数次，有一次摔得很厉害。就是这样，他还是坚持了下来。他在书店还专门买过一册《马术教范》。

期间，他先是在东京的顺天中学校学日语、英语，也在日语讲习所学过日语。6月11日，他找到清廷驻日公使馆参赞马廷亮，请他帮助到法政大学上学，第二天就去报到。当年冬天，因"取缔规则"引发的抗议运动，他被法政大学除名。

1906年1月底，他到早稻田大学报到，也是公使馆参赞马廷亮作保证人。这次以"宋炼"的化名获得了官费留学资格。2月1日，他正式入学，成为早稻田大学留学生部预科壬班的插班生，开课已三个多月了。

早稻田大学校门口的石头上，如今刻着创始人大隈重信手定的三大教育宗旨，首先是学问独立，这是大学之魂，是大学之所以为大。其次是活用学问。第三是造就模范国民（而着眼于国家意志，则不足道也）。而作为政治人物的大隈重信更看重的是第三点。宋教仁入学不久，3月16日下午，听大隈重信演说，"所讲无非西洋各国排斥东洋，我中日两国当如何亲密以抵制之，诸君当如何发愤力学以救国家而已"。语气之间也并不以为然。

清廷驻日公使馆并不是没有怀疑过他的身份。当年5月11日，公使馆找他去问话，先是见到一王姓随员，问他宋谦是否就是宋炼？他说是。然后他被带去见公使杨枢，杨直接问："你是宋教仁否？有湖南人来说，谓宋炼即是宋教仁，信乎？"他回答："不是，宋炼与宋教仁固两人也。"公使又说："你须有同乡会干事来说，证明你非宋教仁方好，不必多言。"

几天后，他所托的同乡会干事宋海南到公使馆为他作证。

一个通缉犯，还能一直领着官费留学，即使有人指控他就是宋教仁，轻描淡写居然就过去了。这不能不让人心生感慨。

他在早稻田大学预科所学的功课包括数学、理科、英语、日语、历史、地理之类。最后的毕业成绩平均77.15分，名列全班第一，在全年级的366人中为第23名。

而他的时间其实并没有用在学业上，参与同盟会的事务、为《民报》撰稿、翻译、交游……占用了他大部分的时间。

他一度生病住院。这年10月5日，秋天的雨夜，医生、护士都走了，他睡不着——

　　时万籁俱寂，惟一灯惨然立余前，窗外雨声时滴，余不觉万感交集，思及吾罹病于异国之不幸，又思及吾前岁在武昌病时亦举目无亲，较此更愁困数倍，又思考吾一身究竟结果如何？吾一身结果与吾祖国时势之关系何如？又思及一身漂泊海外，所谓朋友虽甚多，而真正志同道合者甚少，自顾此身，仍是孤怀独行，俯仰天地，恐终侧身无所耳！心中轴辘上下，悲感不堪，一时泪下如雨，几至失声……

他没有想到仅仅五年后，自己将成为中华民国的开国元勋，更不会想到自己将遭暗杀的命运。但东京那个雨夜的哭声，和他辗转难眠吟成的这几句诗——

四壁虫声急，孤灯夜雨寒。此身愁里过，故国梦中看。

得以让人窥见他内心的隐痛。

三

他从事翻译是应杨笃生之约。就在上海出发东渡的轮船上，他遇到了比他年长十岁的湖南同乡杨笃生，早在 1902 年 4 月，杨就来到东京留学，先后在弘文学院、早稻田大学求学，曾与黄兴等湖南籍留学生一起发起《游学译编》和湖南编译社，又回上海办启华译书局，也参加了华兴会。

从 1906 年 3 月到 4 月，宋教仁翻译了《英国制度要览》，共六万零四百多字。从那以后，他接连翻译了《各国警察制度》《俄国制度要览》《澳大利匈牙利制度要览》《美国制度概要》《比利时澳匈国俄国财政制度》《德国官制》《普鲁士王国官制》《日本宪法》等 10 来种。

通过这些翻译，他对各国的政治制度、政权组织形式等至少具备了一些常识。在当时的革命党人中是难得的常识健全的人。

他翻译过一本《比较财政学》，留日学界发起财政研究会，推他出任会长。他不接受，说："吾多病，吾学识甚浅，将借养疴之暇，为多读书地步，以备将来奔走国事之用。"熟悉他的人都知道，他平时在自己的斗室之内读书，研究政治、法律、经济诸学科。

曾任同盟会陕西分会长的康宝忠记得，宋教仁经常跟他说起，"剽忽敢死者易得，条理缜密之士盖寡，非先植其基，虽满洲倾覆，犹足为忧。"当时在东京的革命阵营中，少有人像他这样想得这么远的。

他对来自山西的景梅九说过："破坏容易，建设难，我看同志从事于破坏一途的太多，对于建设，很不注意，将来要组织共和国，不是玩笑的事！什么临时约法，永久宪法，都须乘此功夫，研究一番才好！所以我很想邀集精悉法政同志们，一齐干起来。"

他和孙毓筠、康宝忠在同盟会本部结合了一些志同道合的人，作为研究未来政制的中坚，分头研究建设诸事，每个星期天聚一次，一起讨论。参加的人还有四川的董修武、董鸿诗，湖北的匡一等。康宝忠说，他们讨论的地点常在江岛和新宿的十二神社。每次讨论，凡有争议时，只有宋教仁能本末悉举，大家都很服气。

同盟会的起事一次次失败，许多人都感到愤慨，而他却认为："满清脆弱，终易破坏，而言治者今犹无闻，吾党不得辞其责。"他说："积学之士虽无益于破坏，然效用后日正未可已。乃属意才智，苟有一长，虽在异党，亦复谦挹接纳"。

因此，他在东京，"遍交中国留学生，细察其人之个性、爱好、志向及才能，用红蓝黑三种颜色铅笔分类簿记之，以备他日革命成功后之建设人才。"对于留日学生中的各种人才，他都心中有数，民国建立之后，政党蜂起，他以同盟会合并其他政党，组织国民党，基础也是在东京时代奠定的。

中华民国南京临时政府时期，他出任法制局局长，所任用的人，"皆极海内之选，通达东西各国之政治制度，以故所草之政府各部院组织法，无不适应当时民主政体，人皆称先生知人善任。"

四

同盟会成立之初，宋教仁当选为司法部检事。史家左舜生在《宋教仁评传》中说，"宋不过是一个二十四岁的青年，学问的底子不深；但人甚聪明，能从多方面吸收常识；能说，能写，表现力颇强；而且有一种湖南人的传统性格：说得好，可以说是'勇于负责'；说得不好，乃近于自以为是，欢喜包办把持，而不大容易接受别人的意见。"他在流亡东京一开始，就非常活跃，在同盟会总部的地位也不断上升，黄兴前往第一线指挥起义期间，他曾以庶务干事主持日常工作。"作为黄兴离日后在日清国革命党首脑的宋负责一切事务。"他也因此受到日本外务省政务局的跟踪监控，一言一行都会被记录在案。

光绪皇帝和慈禧太后死后，1908 年 11 月 17 日的一则情报《清国革命党员及留学生动态》显示，章太炎、宋教仁、黄兴和与他们有关系的宫崎寅藏、平山周等人尚未采取任何行动。情报分析，他们无不财政困难，毫无余资。因此，尽管遇到了如此好的行动机会，也只是在观望形势。

11 月 23 日的情报《清国革命党员的其他谈话》，其实就是宋教仁的谈话，其中有对孙文的批评：

"像孙逸仙那样的野心家做领导人，中国革命要达到目的，无论如何也是不可能的。我相信，在真正的大首领出现之前，努力钻研有关政治的书籍是得体的。

革命党认为，章炳麟采取那样的行动，会失去日本朝野的同情，因此我们认为最好是让章离开日本。

革命党可以在中国北方起事。所以，为研究中国北方的情况，上年我和张继等人曾到该地秘密旅行。不过，在中国北方发起革命，是革命党的秘密。"

章炳麟即章太炎。同盟会内部对于孙文的不满由来已久，不仅章太炎、陶成章跟孙发生了激烈的冲突，黄兴与孙也因未来国旗图案的不同意见而发生矛盾，1907 年 2 月 28 日宋教仁在日记中记载，黄兴跟他说自己要退出同盟会，国旗设计只是一个导火索，他认为黄兴要跟同盟会断绝关系的真正原因"当另有一种不可推测之恶感情渐积于心"，"素日不能开诚布公，虚心坦怀以待人，作事近于专制跋扈"，这显然是他心底对孙的评价。与日本外务省所掌握的差不多。所以，他坚决辞去庶务干事。而日本外务省对他的跟踪并没有就此结束。

对孙文他本来颇有好感，1906 年下半年曾用了不少精力为宫崎滔天改订中文版《孙逸仙传》(即《三十三年落花梦》)。但从 1907 年以后，他对孙的不满日渐加深。同盟会中部总会的发起，不奉孙为首领。孙对同盟会也几乎已失去了兴趣。直到 1911 年 1 月 10 日日本方面的情报中还提及："宋曾对串户真佐树说，孙逸仙已是落后于时代的人物，不足以指导革命运动。"

宋教仁潜入东北，建立同盟会辽东支部，想联合绿林在东北举事，是在辞去庶务干事之后。此事功败垂成，却赶上了中日交涉间岛领土纠纷。对地理特别用心的他写了一本证据确凿的小册子《间岛问题》，在上海出版了单行本，清廷最终赢得了这一交涉，"宋炼"之名也受到袁世凯等清廷大臣的器重。

1908 年 11 月 27 日，日本外务省的情报中有几句附言："听说袁世凯计划收买宋教仁。上月中旬，曾派考察宪政大臣李家驹会见宋教仁进行交谈，但宋没有允诺，拒绝了。"指的就是此事。这天主要记录了宋教仁的一席话：

> 我们革命党谋求中国政治的根本改善。为达到这一目的，革命是必须的。因此，我们努力宣传，大声疾呼。目前在北京设立本部的宪政公会试图推行立宪政体，为政治的改善进行活动。但是，他们缺少伟大人物，可以称为领袖的也不过是杨度一类的人物，不足以引起世人的注意。
>
> 宪政公会的主张亦即其目的，是革新中国弊政，与我们革命的主张只有急渐之差，因此，两者的关系也不太隔阂。反之，同样亡命的康有为以及梁启超则图谋扩张皇权。比如他们组织的保皇会，不仅宗旨和目的与我们革命党完全不能一致，而且互相敌视。
>
> 清帝及西太后之死，对于我们革命党来说，确实是千载一遇的好机会。但是既然已经册立了新皇帝，我国革命党人可以利用的机会已经失去。然而以九年为期施行立宪政治的诏勒，难保不反古。所以，我们必须一力宣传革命，寻求根本的革新弊政的手段。[1]

宋教仁对宪政民主的理解，在东京期间并未发表过什么文章。他与日本友人北一辉相识于 1907 年夏天，就是东北归来之后。北一辉十分欣赏他的组织头脑和苏秦张仪式的才干，认为他具备法律素养，足以担当组织集团的大任。

1　迟云飞编译注《日本外务省政务局跟踪宋教仁秘档》，马志亮主编、宋炳文副主编 《喋血共和——忆宋教仁》，岳麓书社 1997 年，267 页。

五

组织同盟会中部总会就出于他的策划，1910 年，孙文在美国，黄兴在南洋，东京的同盟会本部无人主持，十分涣散。这年夏天，正好赵声从新加坡来东京，宋教仁、谭人凤、林时爽等聚在一起，商讨革命进行事宜。宋教仁主张由长江发动，组织中部同盟会，谭人凤当即赞成。大家公推年长的谭人凤约定时日，邀请在日本的十一个省区同盟会分会长开会。参与其事的居正说，正是在这次会上，宋教仁"指画方略，拟定分步作法，从长江结合，以次推行河北，为严密之组织，期以三年，养丰毛羽，然后实行，庶几一举可期成功"。这可以看作是同盟会中部总会的发端，虽然正式成立要在一年后的上海。此时他已回国，在上海《民立报》主持笔政。

同盟会员杨熙绩比较孙、黄、宋三人："孙先生会宣传，会动员，不管谁听了他一席话、一次演说，谁就会跟着他走，赴死不辞；黄克强是个实行家，不声不响，就干起来了；宋遁初深沉稳健，又通达计谋，是我们党的智囊。"

宋教仁当时谋划的要点是，革命地点应居中，不宜偏僻；革命时期应缩短，不可延长；战争地域宜狭小，不可扩大。[1] 于右任感叹："观于武昌起义以后种种之历史，国人但惊为响应神速，而不知皆先生之擘画于先也。"

---

1 此后，他又概括为这样三条：革命之时宜神速而短（不可久事战争）；革命之地宜集中而狭（宜于中央）；革命之力，宜借重旧政府之所恃者，使为己用（用政府军队）。这三条，都是革命成功的原则。

所谓的上中下革命三策就是他的思考，上策为中央革命，联络北方军队，以东三省为后援，一举而占北京，然后号令全国；中策在长江流域各省同时大举，设立政府，然后北伐；下策在边隅之地，设秘密机关于外国领地，进据边隅以为根据，然后徐图进取。上策最难，下策则已多次实行，均告失败，所以他和部分同道决定采用中策。他进一步提出实行中策的方案：

"湖北居中国之中，宜首倡义，然武昌为四战之地，粮饷不济，故一俟湖北举事，当令湘、蜀同时响应，以解上游之困，而为鄂中后援。……京汉路为南北交通孔道，敌军易于运输，故……不宜以武汉为战争区域，以防牵动租界，启外人干涉。当于武昌举义以后，即派兵驻守武胜关，使敌兵不得南下，以保武汉之安宁；一面令秦晋继起，出兵断京汉路，以分敌势。又湖北既动，万一下流阻塞，将使运输不利，故又宜于长江下游同时于南京举事，并即封闭长江海口，使敌方海军舰队孤立，而因利乘便以取之。"

武昌首义的想法最初就是这样来的。民国的缔造，他的中策是重要的原动力。同盟会中部总会章程第三条明确以推覆清政府、建设民主的立宪政体为主义。立宪政体到底要怎样建设，他考虑得最多。在黄花岗起义前夕，他起草了文告、约法和中央制度、地方政治机关的设施等，有厚厚三大本。他当时的同事、《民立报》记者徐血儿曾见过，并称他十年潜心建设事业，所有主张都在这三巨册中。可惜已经遗失，具体内容无从考查。

武昌起义后，他与黄兴一同赶赴武汉，起草了《鄂州约法》，规定了人民的基本权利和义务，有 21 条之多，同时确定了三权分立的基本结构。这是中国历史上第一部具有近代意义的宪法草案。他还起草了七个官制草案，条分缕析，非常详细。

他的才能受到同辈的敬慕，比他年长的章太炎恃才傲物、眼高于顶，臧否人物常不留情面，唯独对他大为推许。他们在东京的岁月，常常见面长谈。武昌起义之后，章太炎回到中国，发表宣言说，"总理莫宜于宋教仁"，孙文长于议论，是元老之才。建置内阁只有宋教仁最适合当宰辅，认为他"智略有余，而小心谨慎，能知政事大体"。这些评价源自东京那几年对他的认识。

民国初年，袁世凯评点国民党中几个领袖人物，说过一番话："黄克强忠厚笃实，汪精卫文采奕奕，李烈钧英气勃勃，只有宋教仁心细才长，是民国最有希望的人物。"

1912 年 10 月 1 日，在北京的临时大总统宴会上，黄兴当面向袁世凯推荐宋教仁任驻日代表："宋长于外交之才能，手腕灵敏，其主义甚平和，以宋使日定能胜任，且日中感情必将藉宋力愈接近亲密。惟必须多资宋金，使宋大展其手腕，在国际外交上活动运动承认民国。"[1]

这番话登在两天后的上海《民立报》上。此事则从此无下文，宋教仁也没有机会再回到东京。

正是在东京的六年，让宋教仁成了一个建设性的人物。还在革命破坏的时期，他心中就已在规划建设的蓝图。所以，徐血儿称他在破坏时代，"固无时不为建设谋也。"1913 年春天，他遭暗杀，举国悲痛，谭人凤的挽联中说他"破坏建设一身兼"，在祭文中沉痛地写下这些话："过去在东京，与日本人谈性命，曾以三十年太平宰相许宋教仁。谁知道星命杳无凭，天道暗难问。"

1　上海《民立报》1912 年 10 月 3 日。转引自毛注青编著《黄兴年谱长编》，中华书局 1991 年，341 页。

章太炎东京讲学

一

　　1906年6月29日，因"苏报案"在上海租界获刑三年的章太炎出狱，当晚，同盟会就派人接他登上了东渡的轮船。这次流亡东京，是他第三次来到东京。此前，1899年他在东京停留过两个月，1902年在东京住了五个月，曾发起在上野公园举办"支那亡国二百四十二年纪念会"，受到日本警方干预。

　　与前两次来东京不同的是，1906年7月15日，神田区的锦辉馆，竟有二千多中国留学生冒雨出席对他的欢迎会，他发表了长篇演讲。当月，同盟会机关刊物《民报》交由他主持。这一年，他三十七岁。

　　此时，二十五岁的周树人已从仙台医专退学，正在东京自学，开始做文艺救国梦。

　　三十年后，章太炎在苏州病故。

　　此时，以"鲁迅"笔名知名于世的周树人已辗转于病床之上。10月9日，当他执笔写下《关于太炎先生二三事》时，离他病逝不过十天，每天发热，开始咳嗽、咳痰。在众多的纪念文章中，他这篇受到后世最多的关注。他们的师生情分开始于1908年的东京。他说自己爱看《民报》——

但并非为了先生的文笔古奥，索解为难，或说佛法，谈"俱分进化"，是为了他和主张保皇的梁启超斗争，和"××"的×××斗争，和"以《红楼梦》为成佛之要道"的×××斗争，真是所向披靡，令人神旺。前去听讲也在这时候，但又并非因为他是学者，却为了他是有学问的革命家，所以直到现在，先生的音容笑貌，还在目前，而所讲的《说文解字》，却一句也不记得了。

　　那时，他和许寿裳、朱希祖、钱玄同、周作人、朱宗莱、钱家治、龚未生等八人听章太炎讲段玉裁的《说文解字注》和郝懿行的《尔雅义疏》。

　　每当星期天的清晨，他们便步行到牛込区新小川町二丁目八番地，章的住处，一间陋室，环绕一张矮矮的小桌，师生九人席地而坐。许寿裳清晰地记得——

　　　　先师讲段氏《说文解字注》郝氏《尔雅义疏》等，精力过人，逐字讲解，滔滔不绝，或则阐明语原，或则推见本字，或则旁证以各处方言：以故新义创见，层出不穷。即有时随便谈天，亦复诙谐间作，妙语解颐自八时至正午，历四小时毫无休息，真所谓"默而识之，学而不厌，诲人不倦"。

　　周作人的回忆可以与此相呼应：

　　　　一间八席的房子，当中放了一张矮桌子，先生坐在一面，学生围着三面听，用的书是《说文解字》，一个字一个字的讲下去，有的沿用旧说，有的发挥新义，干燥的材料却运用说来，很有趣味。太炎对于阔人要发脾气，可是对青年学生却是很好，随便谈笑，同家人朋友一般，夏天盘膝坐在席上，光着膀子，只穿一件长背心，留着一点泥鳅胡须，笑嘻嘻的讲书，庄谐杂出，看去好像是一尊庙里哈喇菩萨。中国文字中本来有些素朴的说法，太炎也便笑嘻嘻的加以申明，特别是卷八尸部中"尼"字，据说原意训近，即后世的暱字，而许叔重的"从后近之也"的话很有点怪里怪气，这里也就不能说得更好，而且又拉扯上孔夫子的"尼丘"来说，所以更显得不大雅驯了。

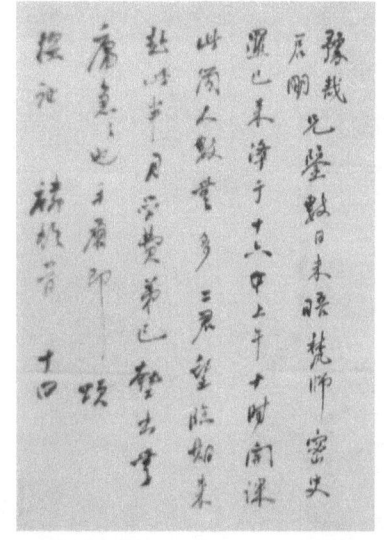

章太炎给周树人、周作人的信

　　章太炎为了讲课，没有时间做饭，常以面包充饥，也可能是因经济拮据。黄侃说，他在困厄之中，几个月不举火，"日以百钱市麦饼以自度"。有一天，弟子贺伯钟发现他桌上的面包都发霉了，原来他已几天没有吃饭了。他的著作《新方言》及《小学答问》都在这个时候授课之余完成。其体大思精的《文始》初稿也起于此时。

　　同时听讲的八个人中，朱希祖（1879—1944）的笔记做得最勤，将来的成就在史学上。他是浙江海盐人，1905年官费留日，在早稻田大学攻读历史，后任北大第一任史学系主任。"逖先博览，能知条理"，是章太炎对他的评价。谈天时，年纪最小的钱玄同（1887—1939）说话最多，一激动还会在席上爬来爬去，所以，鲁迅给他起了绰号"爬来爬去"，或干脆叫他"爬翁"。他是浙江湖州人，在早稻田大学留学，以后成了文字学家。鲁迅曾对许广平说起，"章先生本来不过偶然写几个古字，可是有一位最年青而又聪明的钱玄同先生，却时常会拿着书走向章先生跟前，指出还有哪几个字应该照古体的样子写，于是章先生点头称是，照改了。越改越甚，这就弄成后来的一些文章上所见到的特别现象。"

二

鲁迅听课，也是"自始至终，一丝不苟，认真笔记，全部记录"。课后，他还会从龚未生那里借笔记，详细核对和补充自己记的内容，第一卷的原始抄本完整地保存下来了。

不过他在听讲时，不大说话，唯有一次，因为章太炎问起文学的定义，他回答："文学和学说不同，学说所以启人思，文学所以增人感。"章点评说："这样分法虽较胜于前人，然仍有不当。郭璞的《江赋》，木华的《海赋》，何尝能动人哀乐呢。"他虽然没有反驳老师，但心里不服，私下对许寿裳说："先生诠释文学，范围过于宽泛，把有句读的和无句读的悉数归入文学。其实文字与文学固当有分别的，《江赋》《海赋》之类，辞虽奥博，而其文学价值就很难说。"幸好许寿裳记下来了，年轻时代，鲁迅对文学就有自己的独到见解，并不接受老师的说法。

十余年后，在东京一起听章太炎讲学的鲁迅、周作人、钱玄同成为《新青年》的作者、编辑，都是新文化运动中执牛耳的人物，周氏兄弟的作为已超出章太炎所能理解的范围。

又相隔多年，1935 年 7 月 1 日，鲁迅见到章太炎的这番话："你们说文言难，白话更难。理由是现在的口头语，有许多是古语，非深通小学就不知道现在口头语的某音，就是古代的某音，不知道就是古代的某字，就要写错。"他在《名人和名言》一文中说：

> 太炎先生的话是极不错的。现在的口头语，并非一朝一夕，从天而降的语言，里面当然有许多是古语，既有古语，当然会有许多曾见于古书，如果做白话的人，要每字都到《说文解字》里去找本字，那的确比做任用借字的文言要难到不知多少倍。然而自从提倡白话以来，主张者却没有一个以为写白话的主旨，是在从"小学"里寻出本字来的，我们就用约定俗成的借字。诚然，如太炎先生说："乍见熟人而相寒暄曰'好呀'，'呀'即'乎'字；应人之称曰'是唉'，'唉'即'也'字。"但我们即使知道了这两字，也不用"好乎"或"是也"，还是用"好呀"或"是唉"。因为白话是写给现代的人们看，并非写给商、周、秦、汉的鬼看的，起古人于地下，看了不懂，我们也毫不畏缩。所以太炎先生的第三道策，其实是文不对题的。这缘故，是因为先生把他所专长的小学，用得范围太广了。

那一刻，他在上海租界，不知道是否想起了遥远的东京，同样遥远的 1908 年，师生之间关于文学的那番问对？他说："太炎先生是革命的先觉，小学的大师，倘谈文献，讲《说文》，当然娓娓可听，但一到攻击现在的白话，便牛头不对马嘴，即其一例。"

两年前（1933 年 6 月 18 日），他在写给曹聚仁的信中曾提及："太炎先生曾教我小学，后来因为我主张白话，不敢再去见他了……以后如相见，仍当执礼甚恭（而太炎先生对于弟子，向来也绝无傲态，和蔼若朋友然）……"

他说自己只记住了昔日章太炎给他们讲课时的音容笑貌，"而所讲的《说文解字》，却一句也不记得了。"这是文章的作法，当不得真。他不仅记得，而且在未来的岁月一而再地提及。

不必说，他还在东京翻译《域外小说集》时——

"凡是跟章先生研究《说文解字》或研究他的著作的，都知道他好用古体字。因之在鲁迅先生译《域外小说集》的时候，也不知不觉地采用了。"（许广平《民元前的鲁迅先生》）

1927 年，他到广州中山大学短暂工作，听不懂粤语，直到离开，除了一二三四……等数目外，也只记住了一句 Hanbaran（统统）和一句骂人话 Tiu-na-ma 而已。他在《在钟楼上（夜记之二）》一文想起了章太炎的课：

但虽只这两句，我却发见了吾师太炎先生的错处了。记得先生在日本给我们讲文字学时，曾说《山海经》上"其州在尾上"的"州"是女性生殖器。这古语至今还留存在广东，读若 Tiu。故 Tiuhei 二字，当写作"州戏"，名词在前，动词在后的。我不记得他后来可曾将此说记在《新方言》里，但由今观之，则"州"乃动词，非名词也。

鲁迅的《故事新编》中有一篇《出关》，是关于老子的故事，写于 1935 年 12 月。他在《〈出关〉的"关"》一文中就说：

——老子的西出函谷，为了孔子的几句话，并非我的发见或创造，是三十年前，在东京从太炎先生口头听来的，后来他写在《诸子学略说》中，但我也并不信为一定的事实。

可见章太炎说的他不仅不是"一句也不记得了",而且记了一辈子。此文写于 1936 年 4 月 30 日,离章太炎去世不到一个半月,离他生命的终点也不足半年。

三

　　1915 年 6 月 17 日,章太炎被袁世凯软禁在钱粮胡同时,赠给鲁迅一幅字,上面写的是庄子《天运》中的几句话:"变化齐一,不主故常。在谷满谷,在坑满坑。涂却守神,以物为量。书赠豫才　章炳麟"

　　有人考证,鲁迅在东京,还听过章太炎讲《楚辞》和《庄子》。

　　周作人说自己没有听他讲《庄子》,却不觉得有什么懊悔,"实在倒还是这中国文字学的知识给予我不少的益处,是我所十分感谢的。"他在《知堂回想录》中说起章门弟子的去处:"那时太炎的学生一部分到了杭州,在沈衡山领导下做两级师范的教员,随后又做教育司(后来改称教育厅)的司员,一部分在北京当教员,后来汇合起来成为各大学的中国文字学教学的源泉,至今很有势力,此外国语注音字母的建立,也是与太炎有很大的关系的。所以我以为章太炎先生对于中国的贡献,还是以文字音韵学的成绩为最大,超过一切之上的。"

　　蔡元培时代的北大中文系教授,从黄侃、马裕藻、沈士远、沈兼士、到钱玄同、朱希祖、周作人、刘文典等,兼职的鲁迅等几乎都是章门弟子。

　　在鲁迅心目中,东京时代的章太炎"是有学问的革命家"。其学问到底有多大?许寿裳说,清代的学术唯有语言文字之学,就是所谓小学,光芒万丈，在文字狱的阴影下，读书人被逼进故纸堆做考据训诂的学问，"独有先生出类拔萃，虽则他的入手工夫也是在小学，然而以朴学立根基，以玄学致广大，批判文化，独具慧眼，凡古今政俗的消息，社会文野的情状，中印圣哲的义谛，东西学人的所说，莫不察其利病，识其流变，观其会通，穷其指归。"

而在鲁迅看来，重要的不是什么小学、朴学和玄学，他说：

　　清末，治朴学的不止太炎先生一个人，而他的声名，远在孙诒让之上者，其实是为了他提倡种族革命，趋时，而且还"造反"。

鲁迅与许寿裳等合影

此文写于 1934 年 8 月 13 日，题为《趋时和复古》，两天后发表于《申报·自由谈》。此时的章太炎已不复当年，"原是拉车前进的好身手，腿肚大，臂膊也粗，这回还是请他拉，拉还是拉，然而是拉车屁股向后……"当代评论家李劼认为，鲁迅没有读懂章太炎，"因为章太炎的一生既没有进步过，也没有落后过，而始终停留在童心十足的生命状态上。"

还是当代学者景凯旋说得更清晰，"章之学问有三，其一乃政治学，重倡夷夏之别，以法儒鼓吹排满。其二乃哲学，融合庄释，以驳西哲，然以中学排斥西学，虽守死善道，终未谙自由二字。其三乃小学，于古音多有发明，黄侃继之。"

在政治上，章太炎除了主张排满革命，反对代议制。从《民报》第六期到二十四期，他以古奥的文字发表了 68 篇文章，涉及内容广泛，在《中华民国解》之后，他又发表过《代议然否论》，认为代议制违背平等的本质，提出在共和政体之下实行行政、立法、司法、教育"四权分立"，而反对代议制。将教育权独立出来，事实上也很难行得通。对于西方行之有效的代议制，事实上他所知甚少。梁启超说他亡命日本，"涉猎西籍，以新知附益旧学，日益闳肆"，恐是过誉之词。

在反满革命浪潮中，他提倡国学，倒是有巨大的杀伤力，并影响到"五四"时代的整理国故运动。官费留学日本、成为章门弟子的黄侃（1886—1935）说："其授人国学也，以谓国不幸衰亡，学术不绝，民犹有所观感，庶几收硕果之效，有复阳之望。故勤勤恳恳，不惮其劳，弟子至数百人。"

章太炎在晚年自述："尊信国史，保全中国语言文字，此余之志也。"

有一天，他正在讲《尚书》，汪精卫来了，他拍手连呼："精卫来了，精卫来了，正好，正好。"他认为，革命党人不可不明历史，汪精卫应该多研究历史。他自称革命种子就得自历史。

《民报》封禁之后，他迁居东京小日向台町二丁目二十六番地，大门口便挂着"章氏国学讲习会"。

1909 年到早稻田大学留学的刘文典（1889—1958）到小石川区拜访章太炎，发现门口有一个小牌子"学林社"。当时，正好章门弟子集股五百元，每股五元，创办了《学林》，参与的人包括任鸿隽、贺伯钟等。只出了两期，武昌起义消息传来，他们就纷纷回国。刘文典回忆——

> 章先生穿着一身和服，从楼上走下来，我经过自我介绍之后，就说明来意，要拜他为师。他问我从前从过什么师？读过什么书？那时候，我明知道他和我本师刘申叔（师培）先生已经翻脸，但是又不能不说，心里踌躇了一下，只好说："我自幼从仪征刘先生读过《说文》《文选》。"他一听我是刘先生的学生，高兴极了，拉着我谈了几个钟头，谈话中间对刘先生的学问推崇备至。他忽然又想起来说："是了。申叔对我提到过你。"从那天起，我就是章氏门中的一个弟子了。
>
> 我天天到他那里去请教，听他讲些作经学、小学的方法，他又讲《说文》《庄子》给我听，我那时候年纪太轻，他讲《说文》，我还能懂一点，他讲《庄子》，我就不大懂。再加上佛学，那就更莫名其妙了。记得有一天下午，章先生正在拿佛学印证《庄子》，忽然听见巷子里卖号外，有一位同学买来一看，正是武昌起义的消息，大家喜欢得直跳起来。从那天起，先生学生天天聚会，但是不再谈《说文》《庄子》，只谈怎样革命了。因为我忙着要回国，坐火车到神户赶一只船，来不及辞行，就先走了。

刘文典将来以研究《庄子》颇为自得，长期在北大、西南联大任教。

他瞧不起白话文作家，一个流传很广的传说，他在跑警报时看见沈从文，说了一句："我刘某人是替庄子跑警报，他替谁跑？"

四

1906 年秋天，章太炎第三次流亡东京不久，就想设立"国学讲习会"。9 月 5 日出版的《民报》第 7 号刊登了他的《国学讲习会序》，计划中的讲题有《中国语言文字制作之原》《典章制度所以设施之旨趣》《古来人物事迹之可为法式者》等。接下来，从《民报》第 8 号起，又陆续刊登"国学振起会"的广告。但他并没有马上开始讲学。

第二年，黄侃拜他为师，"丁未之岁，始事章君，投文请诲，日往其门。"这是黄侃的自述。

1908 年 4 月 4 日，国学讲习会正式开课，先是在清风亭，后在帝国教育会，最后在东京神田区大成中学借了一个教室，大致上每周讲一次，持续了一二年。（同年 7 月 11 日，他在民报社给鲁迅他们八人另开了一个小班，是因为他们中有人因时间冲突来不了，又嫌大成中学听课人太杂，托龚未生向他请求，他竟然也答应了。龚后来成为他的大女婿。）

当年 10 月，《民报》被禁，章太炎有了更多空闲的时间，讲学成为他的重心。

听讲的留学生以浙江人、四川人为多，浙江人中有沈士远、兼士兄弟、马裕藻、马叔平、朱希祖、钱玄同、龚未生等，四川人中有曾通一、任鸿隽、任鸿年等，山西人有景耀月、景梅九，陕西人有康宝忠。在任鸿隽的记忆中，这些人几乎每讲必到，其他来来去去的不在少数。

至于讲课的内容，从最初顾炎武的《音学五书》，接着是段玉裁的《说文解字注》、郝懿行的《尔雅义疏》，然后是王念孙的《广雅疏证》，都是小学（音韵学、文字学、训诂学）的基本书籍。他在讲解时，会提出自己的意见，加以详细解释。

在大成中学，他后来还讲过诸子学和《庄子》。任鸿隽记得他讲《庄子》时，他们觉得他关于《庄子》的解释极富新意，希望他写出来。第二天，他就拿了一部批好的《庄子》来给他们看，以后就成了《庄子解故》一书。

到 1909 年春，章太炎先后讲过《说文解字注》《庄子》《楚辞》《尔雅义疏》《广雅疏证》《汉书》《诗经》《文心雕龙》。

他在小石川区的住宅还给任鸿隽等人系统地讲过一次中国文学史，手中不拿一本书、一张纸，端坐在日本的榻榻米上，一口气讲两三个钟头。大约讲了四个上午，他就把一部中国文学史讲完了。

当他讲中国文学史时，有一天他们见他的门首列了一个小榜，把中国古来的文人分为几类：第一类是通人，如东汉的王仲任、仲长统，隋代的王通，宋代的司马光；第二类是学者，如明末的顾炎武、王夫之，清代的全祖望；第三是文士，如西汉的扬雄、唐代的韩愈、宋代的苏氏兄弟等属于此类。学生当时就窃窃私议，以为他是属于第一类的。

任鸿隽认为，他的话如果记录下来，就是一篇很好的白话文章，等他写成文言文，反而失掉了讲课时的活泼风趣。这门课整理成了他的著作《国故论衡》，由众多弟子集资，每人一元，集了 150 元，印了几百部。这是《国故论衡》的第一个版本。

任鸿隽 1908 年到日本留学，听章太炎讲国学，"于形声训诂及诸子源流之学略窥涯涘，顾亦可谓意外之收获也已。"他自述在日本求学期间，"自己认为值得的，恐怕是从章太炎先生读了几年国学。"以后他到美国留学，专攻化学，却和同道一起成立中国科学社，创办《科学》杂志，成了科学救国的代表人物。他对科学的理解，就是东京时代受到章的启发——"所谓科学者，非指一化学一物理学或一生物学，而为西方近三百年来用归纳方法研究天然与人为现象所得结果之总和……同时，欲效法西方而撷取其精华，莫如绍介整个科学"。他也要成为"科学"的通人，在中国提倡科学，而不是某个学科。

章太炎在东京讲学的时间不长，但影响深远。出现在 1932 年章太炎手订《弟子录》中的 22 人中不少都是东京时代的学生，比如黄侃、钱玄同、汪东、朱希祖、马裕藻、沈兼士这些人，而鲁迅、周作人、许寿裳、龚未生、景梅九这些人还不在这个名单上。

1911 年 11 月 15 日，章太炎流亡日本五年又四个月后，终于回到上海，第二天《民立报》发表社论《欢迎鼓吹革命之文豪》，视他为"新中国之卢骚"，"卢骚"就是法国启蒙运动的代表之一（今译为卢梭）：

> 章太炎，中国近代之大文豪，而亦革命家之巨子也。正气不灭，发为国光，文字成功日，全球革命潮，呜呼盛已。一国之亡，不亡于爱国男儿，文人学士之心，以发挥大义，存系统于书简，则其国必有光复之一日，故英雄可间世而有，文豪不可间世而无，留残碑于荒野，存正朔于空山，祖国得有今日，文豪之力也。……今章太炎已回国返沪矣，……唯望我同胞奉之为新中国之卢骚。

附录：

北一辉与辛亥革命

——北一辉《支那革命外史》中译本导言

今天北一辉（1883—1937）在中文读者心中是一个陌生的名字，他亲身参与过辛亥革命，与宋教仁他们都有很深的关系。他的《支那革命外史》是那段历史的重要见证，至少提供了一个不可替代的个人视角。

三个关系

在 19 世纪到 20 世纪转型的关头，判断中国的历史，如果从中外关系的角度看，有三个关系对中国有举足轻重的影响。第一个关系是中英关系（后来则变成了中美关系），从 1842 年确立的条约体系框架，中英关系一直是最重要的外交关系，辛亥革命时期对中国影响最深的还是英国，英国驻华公使朱尔典对中国问题有很大的发言权，辛亥革命以南北和谈收场，与英国的态度有相当大的关系，这一点从英国的外交档案，从《泰晤士报》驻华记者莫理循的书信与日记都可以看出。

从 1894 年开始，中日关系逐渐在中国的对外关系中变得最重要。从甲午战争、日俄战争、"二十一条"、五四运动、济南事件、"九一八"事变、"七七"事变，一直到 1945 年日本投降，在跌宕起伏的半个多世纪中，日本成为影响中国最深的一个国家。甚至可以说，将中日关系搞清楚了，中国问题也就基本上搞清楚了。中国近代以来的命运大致上是由另外一个民族决定的，而不是由本民族决定的，这是一个最大的悲剧。如果说，英国还没有决定中国的命运，那么日本则在很大程度上决定了中国未来的命运。

第三个关系就是中苏关系，这层关系跟中日关系一样，也在历史过程中逐渐成了中国这个大共同体命运和每一个个体命运的决定性因素。如果将 1921 年中共建党作为一个时间起点的话（实际上 1920 年上海就已经创办了一个叫《共产党》的刊物，"共产党"这个名词在中文世界公开破土而出是在此年 11 月 7 日），苏俄对于中国的影响从 1920 年前后开始，比日本慢了一步，经过孙文和越飞的宣言、北伐战争、宁汉分立、苏维埃运动、西安事变，一直到国共内战，到朝鲜战争、中苏分裂，一路下来，都可以看到苏俄成为像日本那样深入影响中国国运的邻国。

某种意义上，20 世纪以来中国的走向就是由这两个邻邦规定的，我们的制度取向、价值取向都深受日本和苏俄的影响，地缘政治在中国发生了巨大的杠杆作用。中华民族历来是有自己的价值观、制度模式、文化思想的，但不幸我们的生产方式或者说农耕文明在近代以来遇到了工业文明的挑战，于是我们的生活方式、制度方式、思维方式都遇到了挑战。在这种挑战面前，由英美所代表的西方文明国家，日本所代表的亚洲新兴国家，和苏俄这个全新的共产主义国家，分别在中国施加了他们的影响。20 世纪中国的道路和命运的转折，相当程度上是被这些国家或者说是被这些对外关系所决定的，而不是由我们自主的选择所决定的，搞清楚这三个关系，就能更好地理解中国今天的命运和处境、将来的道路和抉择。

"八零后"留日学生

　　在错综复杂的中日关系中值得关注的一个视角就是留日学生。从中国到日本留学的成本最低，不用跨越浩瀚的大洋。20世纪初大批学生留日，是所有的留学生中规模最大的，清政府在八国联军进京之后，最重要的政策可以概括为九个字：停科举，兴学堂，派留学。其中"派留学"，多数的留学生来到日本，而不是欧美，去欧美的留学生并不多，像胡适、竺可桢、梅贻琦这些靠着美国退还的庚子赔款余额留美的学生，所占的比例非常小，大多数留学生都到了日本。

　　在留日学生中，出生于一八八零年代的，我称他们为"八零后"，其中包括宋教仁、鲁迅、汪精卫、蒋介石、张季鸾、张东荪，这个名单一直可以开下去，企业界的范旭东也是"八零后"，"八零后"的代表人物多为留日的，这是一个非常独特的现象，原因就在于20世纪初中国的留日潮，正好被他们那一代人赶上了，他们20岁出头的时候正好是中国留日高潮。数以万计的中国学生到日本学习，或官费或自费，有的人其实从来都没有进过日本的正规大学，只是在日本上过日语补习学校，或者预备学校，包括蒋介石，也没有进过日本正式的士官学校，他进的振武学校，只是日本陆军参谋本部专为中国留学生开办的一所预科军事学校。不像蔡锷等人还继续进入东京陆军士官学校深造。

　　那个时候，留日学生中真正在正规大学毕业的并不多，鲁迅也只是仙台医科专门学校没有毕业的退学生。在仙台学医，没有毕业他就回了东京，把学籍挂在一个学德语的学校领取官费，其实只是租了房子，自己翻译小说，做文学梦。这样的人很多，比如银行家蒋抑卮，就是他最早资助鲁迅的文学活动，他到日本留学也几乎没有上什么学。

"九零后"这一代情况就不一样了，毛泽东、卢作孚、梁漱溟、叶圣陶、胡适之（留美，康奈尔，哥伦比亚）、晏阳初（留美，耶鲁大学）前面几个人都是中学生、小学生、师范生，毛泽东是湖南第一师范的，梁漱溟是北京顺天府中学堂的，叶圣陶是苏州草桥中学的，卢作孚只是重庆合川一所小学毕业，这些在不同领域有重要影响的人，或是在本国受的教育，或是留美回来，这与留日高潮已渐渐过去有关，当然"九零后"一代也有一些留日学生在各自领域有建树，像郁达夫、郭沫若、雷震等人。

　　等到"零零后"这一代，也就是生于 1900 年后十年间的那些人，邓小平、蒋经国、王芸生、钱锺书、费孝通，留日出身的不大见了。钱锺书、费孝通可以算是学术界的代表人物，他们的留学背景是英国，蒋经国跟邓小平有相似性，都在莫斯科中山大学上过学，邓小平还有一个经历，在法国勤工俭学。

　　"八零后"、"九零后"和"零零后"的影响不仅覆盖了 20 世纪的中国，还将继续影响 21 世纪。"八零后"那一代留日学生，回国以后进入政界、军界、新闻界、文学界，其中产生了许多创造时代的人。如果要论对于中国命运具有关键性的影响，还是要数年轻的时候就被折断了生命的宋教仁，他只活了不到 32 岁，但他倡导的宪政理想仍然是中国今天和将来要不断地去回应的大题目。在他留日归国前后，他也回应了中国正在发生的立宪运动，他主张革命、共和，不赞同立宪运动，但他希望革命之后进入宪政的轨道，议会民主，两党政治，轮流执政。结果他被暗杀了，有人说中国还不具备两党轮流执政的条件。作为宋教仁的朋友，生于 1883 年的北一辉只比他小了一岁，这意味着他们是同龄人，容易找到共同的话题，也成了志同道合的朋友。

　　北一辉的《支那革命外史》记录了他在辛亥革命前后的亲身经历以及他对辛亥革命和中日关系的思考，特别是他与宋教仁的亲密关系，对宋教仁之死的怆痛，以及他对孙文的尖锐批评。难怪此书长期以来见不到中译本（胡兰成在抗日战争后期办《苦竹》杂志曾译过此书），直到董炯明先生于辛亥百年之际将此书主体部分译出来。

"排满兴汉学"

北一辉在《支那革命外史》中有这样一番话：

"德川氏希望幕府能够绵延万世，但汉学却成了王霸之辨的利器，为维新革命运动提供了理论，实乃上天弄人也。"

日本明治维新改变了日本的历史走向，从此打开了日本通往西学的一条道路，而在漫长的历史当中，汉学一直是日本的最重要的支柱学问，如今西学成了它的支柱学问，但是在倒幕运动中，汉学也是他们重要的精神武器。难怪北一辉有此一叹。任何一种学问，一旦转化成改造社会的利器，就是一种巨大的力量。

日本这个民族自古以来深受汉学影响，中国一直是他的老师，但是一夜之间倒过来了。明治维新之后，尤其是甲午战争、日俄战争之后，日本成了中国的老师。日本开始对中国发生致命的影响。这里面有几个因素，第一个因素就是留日学生的人数急剧增加。第二个因素，日本国内流行的各种思潮，将不断地成为中国学生和部分民众热衷讨论的思潮。比如说，民族主义就是从日本来的，中国原来是天下主义。《易经·系辞》里有一个说法——"天下文明"。这是中国文化的一个核心概念，"天下文明"被解构，天下主义消亡了，而民族主义就是透过日本传过来的。君主立宪的思潮也来自日本，并不是直接来自英国，中国人对英国并不了解，我们更熟悉的是邻国日本的君主立宪，这是近水楼台。大亚洲主义，当然也是从日本来的，只有日本动不动讲"大亚洲主义"，就是后来我们熟悉的"大东亚共荣圈"这个口号。社会主义也是从日本来的，其实社会主义有两种，一种是从苏俄过来的社会主义，一种是经过日本进来的社会主义。北一辉就是日本早期的社会主义者。他不是一个君宪主义者，也不是一个共和主义者，他是一个大亚洲主义者，加上社会主义者，他的成名作就是主张社会主义的。所以他也是日本政府打压的对象，是政府不喜欢的持不同政见者。日本的其他思潮比如自由主义、无政府主义也都影响了中国一部分人。可以说，中国当时的各种思潮都是经日本过来的。梁启超 1898 年以后流亡日本，开始学习日语，在《清议报》《新民丛报》这些刊物上发表大量文章，连篇累牍地把原本中国人十分陌生的词汇、术语、概念变成中文。民族、道德、公德、私德、政治、干部、群众、哲学都不是中文原有的，都是他通过日本转译过来的。严复认为这样的翻译不够本土化，而是日本化，所以他在翻译西方的著作时，特别想追溯中国的文化传统，把社会学译为"群学"，经济学译为"计学"，逻辑学译成"名学"，在翻译《论自由》的时候，他苦思冥想译为《群己权界论》，多准确、多简约啊！可惜，到最后，严复翻译的大部分词汇都淘汰了，保留下来的也许只有"物竞天择，适者生存"等说法。不是严复译得不好，而是中国人始终没有习惯，还是从日语转译的这些词汇更容易被接受。

日本对中国的影响不仅通过留学生或各种思潮的传播，京师大学堂 1898 年 12 月创立之初多聘用欧美的教习，1902 年重新复校以后，开始大规模聘用日本的老师，引用日本的学制与教材，这是中国在高等教育层面受到日本的影响。在基础教育层面，商务印书馆 1904 年编写小学教科书，完全就是按照日本模式。邀请日本有经验的专家直接参与教科书的设计，这种影响深入到了编辑环节。

那个时候，京师大学堂流行的读物就是梁启超的《饮冰室文集》和他主编的《新民丛报》。这意味着通过梁启超翻译的日本的名词与思想对中国的学生，包括京师大学堂的学生产生了深刻的影响。1893 年出生在湖南长沙的左舜生，后来成为历史学家，也是中国青年党的创始人之一，他回忆自己在长沙读小学时，夜里悄悄地点灯，一边读梁启超的文章，一边感动得流泪。无论在大学生中，还是小学生中，那个时候都有不少梁启超的读者，梁启超的思想资源、知识资源不是直接来自欧美，而是通过日本来的。梁启超对他们的影响也可以说是日本的影响。梁启超把日本对欧美的知识体系和精神资源的理解转换成了汉语，而大多数中国人没有机会直接通过英语阅读西方著作，也没有机会直接接触日语的资源，只能通过梁启超那些刊物和文章的中介。正是通过留日学生和大量的书刊，日本的思潮滚滚进入中国，包括商务印书馆的教科书把日本的学制与教科书的设计潜移默化地引入中国。

所以，北一辉很骄傲地说，中国的学生到日本学什么学问？他造了一个词叫"排满兴汉学"。日本的中国留学生学的就是这门学问：

在不受异族统治的日本用于维持治安的国家民族主义，一旦西渡到被满人征服的中国，就被理解成革命的科学了。这就是说，用日本的国家民族主义解释的忠孝道德，教导中国人应与异族统治者不共戴天，与其受异族统治而活，还不如反抗异族而死。如此一来，对满清皇室而言，日本的一切教科书都成了革命哲学，日本的所有学校都成了革命俱乐部。更何况有千百种汉译的《百科全书》潮水般地涌向神州各地。

但两国政府都未料到这批人在日本学的是排满兴汉学。

可见日本对于中国的影响，明明讲的是民族主义，但在中国人听来就是要把满人赶走。这就是当时的现实。他接着说，启发了中国革命的正是日本思想。他由此想到 18 世纪英国对法国思想界的启发：

殊不知法国革命党正是因为输入了"浅薄的英国思想"而得以觉醒。伏尔泰的研究乃基于英国法律，孟德斯鸠费二十年苦心而写成的《论法的精神》也不过是重新阐述英国法学家们所说的那一套而已。与此相似，故人宋教仁君翻译《比较财政学》，其他革命领导者也踊跃翻译日文书籍，从中吸收了许多新知识和先进的思想。……若是根据历史学家的见解，译成法语的英国《百科全书》唤起了法国的革命思想，那么提供汗牛充栋的书籍以供汉译的东洋不列颠，对于中国革命的思想必然也带来了极大的启发。

与宋教仁结交

北一辉是一个社会主义者，最后又成了日本法西斯主义的创始人，1937年被判处死刑。1936年，日本少壮派军人发动"二二六"政变，日本政府认为罪魁祸首是思想理论的提供者北一辉，所以将他逮捕，第二年处以极刑。

1906年，北一辉因发表《国体论与纯正社会主义》而一举成名，那个时候宋教仁正好在日本留学。这一年北一辉加入同盟会，成为同盟会吸收的八个日本友人之一。也是这一年，他加入了另一个由日本人创办的社团"革命评论社"，这是倾向于推翻当时的日本政府、建立社会主义的一个小组织。1911年10月，他追随宋教仁亲临中国参加革命，一直到1913年宋教仁被暗杀，他被日本领事馆勒令返回日本三年。1916年他又重回中国，三年后再回到日本。回国以后他写出了《支那革命外史》（1921年出版日文版）。1923年他出版了法西斯主义的理论著作《日本改造法案大纲》，这本书就是将来日本走向军国主义的源头。第二次世界大战中，日本成为法西斯轴心国的核心，起源于北一辉的这本书，甚至可以说是他设计了日本军国主义道路。从一个社会主义者演变成一个法西斯主义者，这是北一辉一生的经历。

而我关注的只是他在辛亥革命前后的这段经历。透过他的眼睛，来观察中国与日本的关系。他亲历中国革命十三年，这个时间不算短，从1906年到1913年是第一个阶段，他不仅参加了同盟会，还亲自到了武昌、南京、上海这些创造历史的现场，是革命的亲历者。所以他的《支那革命外史》是有独特视角的。第二个阶段，从1913年到1919年，这个时期他往来于中日之间，写出了《支那革命外史》。

由北一辉其人和他参与中国革命十三年的过程，我们可以看到一个中日命运共同体，或者说东亚命运共同体，而不仅是一个孤立的中国和孤立的日本。中日之间在命运上有相当深的关联，中日两国的革命者有着精神血缘上的联系，无论在思想上还是在行为模式上、经历上，都有很多的相似性。

北一辉与宋教仁结成了生死之交，却成了孙文的死对头。早在1907年，他就与孙文闹翻了，当时北一辉加入同盟会不久，孙文拿到日本政府给他的一笔巨款，让他离开日本，其实就是驱逐出境。孙文带着这笔钱离开前，只留了二千元给《民报》社，埋下了分裂的隐患。北一辉最初在同盟会里最密切的朋友是张继、章太炎、刘师培，当时都是反对孙文的，他们之间结成了反孙同盟。第一轮反孙风潮由章太炎主导，张继为急先锋，得到了北一辉等日本志士的支持。后来北一辉跟宋教仁气味相投，成为莫逆之交，他后来的好朋友是宋教仁、谭人凤。无论是他早期的好友，还是后面的好友，都与孙文合不来，他们的政治主张不大一致。

北一辉与宋教仁的交情始于1907年的夏天，当时宋教仁在东北策动"马贼"反清失败，回到日本。黄兴已南下香港，准备在两广、云南边境策动武装暴动。张继带着宋教仁来见北一辉，两个人很快成了好朋友。北一辉非常欣赏宋教仁的组织头脑和游说能力。他写道：

> 宋君具备作为冷静不惑的国家主义者而应有的法律素养，足以担当组织集团的大任。在革命领袖们最清醒的一、二年间，宋君完美的国家

主义，与章太炎的国粹文学和张继的雷霆般热情相辅相成，在理论、热情与组织方面都建构起无懈可击的革命党。但不幸的是，与革命如形随影的黄兴欲在镇南关东山再起又告败北，汪精卫计划刺杀摄政王事败而被判处无期徒刑……基于清国政府的要求，日本警方勒令唯一鼓吹革命的宣传机器《民报》永久停刊。鄙人介绍幸德秋水给张继认识竟成为祸事，因为意外地把他的思想引导向无政府主义。为逃避日本警方追捕，张继不得不流亡巴黎。[1]

这是北一辉对当时革命局势的分析。接下来他谈及跟宋教仁之间的关系和对宋教仁的评价：

如此这般，孙文走了、黄兴走了、张继也走了。这之后的中国同盟会，声势一落千丈，而且日本警方对它的弹压更日甚一日，愿意参加同盟会的留学生也越来越少。就在这种极端困难的处境下，宋君充分发挥了他的卓越的组织天才。他一方面继续扩大同盟会的力量，一方面将国家的觉醒和民族的热情深化成一党一理想的伟大目标，并且将经过实战教鞭锻冶出爱国魂的军事留学生源源不断送回中国，让他们去训练叛军准备与满清征服者作一死战。而且，在革命爆发的前二年，宋君拥立会党豪雄谭人凤，已经稳当而秘密地主宰了爱国革命运动的参谋部。

这都是在孙文不知情的情况下发生的，事实上孙已失去掌控同盟会的实力。孙曾一度不承认同盟会这个招牌，而另外搞一个中华革命党。1910 年，孙文就已经用"中华革命党"的名义发行钞票，还曾要求南洋的同盟会分部都改名为"中华革命党"的分部，这是历史上不太被注意到的一个微妙的细节。1910 年夏天，孙文突然悄悄来到日本，几天以后又被驱逐出境。北一辉观察到这一次孙文与宋教仁的会面颇为冷淡：

1910 年夏，被驱逐出境的孙文突然来到东京，但数日后再被驱逐出境。他与故人宋教仁的会见颇为冷淡。由于鄙人与故人宋君比较接近，我亲眼见到数年间宋的思想有彻底的转变，堪称质的飞跃，他终于走上了革命运动的正道。鄙人相信故人宋君一定能用他的热血挽亡国之既倒。

他认为宋、孙的冷淡会见，标志着民主的梦想家与国家主义的思想家的事实上的分离。在他眼中，孙文是一个民主的梦想家，而宋教仁是一个国家主义思想家。他说：

孙文的民主理想天下无人不知，……作为正处于亡国边缘的中国所渴望的现实的理想，其实是故人宋教仁君倡议的国家主义理想，这才是真正值得大书特书，不能不予以特别留意。

前者（孙文）的革命运动是国际性的，认为接受外邦或外人的援助乃理所当然之事。与此相反，后者（宋教仁）着眼于自己的国家，推动爱国运动，警惕与外人的过分接近，对待外国的援助，除非是在万不得已的场合，而且必须在不损害国权的条件下才能接受。所以，前者采用外力宿愿策略，让数百名支那浪人啸聚在自身周围以壮声威。后者则坚持爱国的自尊心，其结果是受到排宋势力的孤立。

革命期间，上海总领事有吉明对于原来被视为亲日论者的宋君曾以"渔夫"名号发表排日论深感不满，他对着忍不住想笑的北一辉忿忿不平地说这暴露了中国人的反复无常。其实，这话反而暴露了日本外务省官僚蔑视中国的态度。许多人都不了解革命与爱国运动之间的关系。一旦革命爆发，那些传统轻视论者难以想象的爱国运动也就熊熊燃烧起来了。这无关民主共和，也无关自由平等。他认为宋教仁在革命史上的价值，正在于为一般人所忽略的这方面成为代表性的领导人。

有个事实可以证明宋教仁的立场，他写过一本《间岛问题》的小册子，当时朝鲜与中国交界的一小块地方，成为中日之间有争议的领土，因为他的这本小册子，清廷在中日的外交战中获胜了。因此北一辉说宋教仁有非常强烈的民族主义、国家主义立场，并不是一个单纯的民主主义者，而像孙文这样的民主主义者是不在乎把这些土地送给日本的，只要能拿到军事的支持和财政的支持，只要自己的事业成功。而宋教仁非常强调中国主权，这是他们之间的不同，也是孙文为人诟病的地方。孙文没有特别强烈的捍卫领土主权之完整的观念，或许这跟他从小在美国读书有关系，他从小就跟他哥哥到檀香山读小学，他的民族观念并不是那么强烈，虽然他提出了民族、民权、民生的三民主义，但他的"三民主义"中所谓的"民族"主要指的是排满，就是驱除鞑虏，并不是指民族国家的共同体。北一辉继续说：

> 有人把鄙人看成是宋派，其实非也。也有人认为鄙人是宋的顾问或参谋，这更加不实。鄙人与故人宋君不过是一对经常同声相和又经常争论不已的同龄益友。经多年相交，鄙人看到了他的异于常人的真正价值。也就是说，鄙人之所以看重故人宋君，并非因为如世人所言他的足谋多智，也非他的学富五车，更非他的雄辩滔滔，而只因为他是一名一以贯之的刚毅诚实的爱国者。

宋教仁爱的是他的中国。北一辉也自认为是这样的爱国者，爱的是他的日本，所以，他们才会相互理解。1908 年，作为一个被大清国通缉的要犯，宋教仁化名"宋炼"写下的《间岛问题》，作为一本地理学著作，为大清国赢得了外交的胜利。所以徐世昌、袁世凯对宋教仁都极为看重，要让驻日公使把他请回来做官，结果他拒绝了，这件事也就不了了之。

北一辉不是从民主主义者的角度，而是从国家主义者的角度，为我们提供了一个全新的、以往常常被忽略的宋教仁。北一辉自认为是宋教仁的亲密战友，也是他的知音，对宋教仁作出了近距离的观察。在孙文与宋教仁之间，他一直认为孙是空想家，宋是实干家，而且认为宋是国家主义，孙是国际主义。站在一个日本人的立场上，他的这些观察，有时候可能比中国人更清楚。

亲历辛亥革命

北一辉不仅从 1907 到 1910 年在日本与宋教仁有亲身的接触，而且在武昌起义发生之后来到中国，在宋的身边有很长时间。1911 年 10 月 17 日，即武昌起义发生一个星期后，宋教仁给日本黑龙会主干内田良平发了一封电报，希望他能支援中国革命。内田良平就差遣《时事月刊》编辑北一辉以特派记者身份来到中国。黑龙会与中国革命有千丝万缕的关系，内田良平与孙文、宋教仁都有交情。

北一辉自 1911 年 10 月底抵达上海，直到 1913 年 4 月离开中国前夕，在此期间一共向黑龙会发了 13 封书信、36 封电报或者建议。13 封书信报告都是在 1911 年 11 月 1 日到 18 日，也就是他刚刚来到中国的时候，报告他的所见所闻，发信的地址分别在武汉、南京、镇江。台湾学者黄自进根据北一辉所写的十三份报告，认为他对辛亥革命革命的观察可以归纳为四点：

第一点是，这次中国发生的革命运动核心是留日学生。他来到中国，并不通晓汉语，却一点障碍也没有，因为他所见到的许多人都会讲日语，他用这个证明革命运动的核心是留日学生，所以他不会汉语也无障碍。

第二点的意思是，中国革命党人思想和行动模式都是从日本学去的，是日本的学生。

第三点是，宋教仁作为留日学生领袖活跃于革命阵营。换言之，宋教仁之所以在革命党中有发言权，原因就是他在留日学生中的影响。

第四点，孙文在中国的内地毫无影响力。1911年11月13日，北一辉在给内田良平的信中特意提到自己到了中国，尤其是进入长江流域之后，发觉愈是接近内地，孙文愈是没有影响力，他对此感到惊讶。[2]

当时孙文还远在国外，中国大多数地方宣告独立时，打出的旗帜并不是青天白日旗。这一点确是事实。当时大部分地方用的是白旗。北一辉来中国，是来追随宋教仁的。等他抵达上海，宋已经到了武汉，宋是跟着黄兴到武汉的。宋到了武汉之后立即提出建立临时政府的主张，但是黄兴认为要先打一仗，立下战功，再建政府，要不然何以服众。北一辉认为，革命家不理解革命乃古今之通则。黄兴把革命跟战争混同起来了，所以他批评黄兴是被身边的一批日本浪人误导了，包围着黄兴的有一批日本浪人，如同孙文的身边也有一批日本浪人。在中国革命中，到处可以看见日本人的影子。

事实上，革命党早就明文规定在革命成功的地方必成立军政府，只须以人民承认的方式公布就可以了。建立政府以后即可向军民发号施令，黎元洪作为一名军官就不得不奉命行事了。黄兴到武汉后应该马上建立政府，北一辉认为宋教仁的这个看法是对的。从长江到武昌去的船上和在武昌的会议上，宋教仁提供了许多关乎大局的见解，就是反复强调要把秘密时代的革命计划付诸实现。但黄兴最终没有听，大权还是落在了黎元洪手里。所以他认为，这件事情的结果，不仅老谭有责，黄兴也难辞其咎。

老谭就是谭人凤，耽误了到武昌领导起义的机会，他本来准备出发了，临时因为挂盐水，没有去武昌，叫宋教仁去，宋教仁还想再等等。谁也没有想到武昌起义这一战能成大功，大家认为以前搞了多少次起义都没有成功，这一次不也一样吗？都没当回事。武昌城里缺一个有分量的领袖，群龙无首，完全是秘密加入革命党的新军士兵自动起义。

在武昌期间，宋教仁一直郁郁不欢。为什么一直郁郁不欢？北一辉认为，自己作为参加中国革命的日本人，听到对岸隆隆炮声而感到雀跃万分。尤其得知菅野长知率领一队日本浪人也奔赴前线参战，他就更加高兴。但是，宋教仁却忧心忡忡，他很不理解。后来当宋教仁死后，每当他想起宋教仁靠在桌上双手捧头沉思考虑如何顺利夺回汉口，应对这样的大变局的时候，他心中总是感到无限悲痛。他对宋教仁有这样的评判：

"宋君自认英才，这确实没错，其长处在于具有大局眼光。黄君热情雅量，也不失为一个优秀人物，但就是欠缺大局眼光。他不听宋君的忠告而屡误大事。世人视黄失守汉阳逃往上海的行为是中华民族怯懦的表现。"

这个评判与谭人凤的评判是高度吻合的，谭人凤在他的回忆录《石叟牌词》中论宋教仁"英而不雄"，黄兴"雄而不英"。这一概括要比北一辉更加精炼。北一辉的很多观点受到谭人凤的影响，《支那革命外史》的许多史料也来源于《石叟牌词》。

黄兴缺乏的是大局眼光，宋教仁拥有的就是大局眼光，但是他们都有各自的不足。北一辉指出，宋教仁具有老谭本土帮会系统的实力，又有黄兴日本思想系的渊源，本该是前途不可限量的人物。不过，他也认为，宋屡屡不接纳谭提出的孤注一掷的大胆计划而替宋感到可惜，宋"英而不雄"，缺的就是一个"雄"字。同时，他又为黄兴不听宋的忠告引致许多失误而替黄感到遗憾，黄兴是"雄而不英"。最终这两个人都成不了大事。

宋教仁虽然有冷静的头脑，但并非神仙，并没有估计到黄兴在汉阳会吃败仗。北一辉说，有一天晚上他们在武昌的都督府过夜，对岸的枪炮声震得卧室的玻璃窗悉悉作响。宋教仁对北一辉说："我来此地，实在是被黄硬拉来的。像过去那样，他总是不听我的忠告。我认为老谭已在此地，我们两人没有必要来武汉了。我正在策划率领南京的新军夺取江南诸省以制令天下的大计。但黄兴不听我的，拉我来此，反而在黎元洪的支配下失去了我党的领导地位。昨天南京的代表来迎接我们了，我将顺江东下去南京。不管黄兴的成败如何，只要取下南京，收复汉口就易于反掌了。"

宋教仁这一席话，就是接下来辛亥革命的关键一步，成败不在武汉，而在南京。宋教仁不听黄兴的劝阻，独自离开了。黄兴留在武汉打败仗，宋教仁前往南京。此前，南京方面有新军里的革命党代表来找他，但是等他坐船到达南京，形势已经骤变，看到城门上都挂着人头。张勋进了南京城，杀了很多人，有的人仅仅因为没有辫子被砍了头。张勋已掌握南京的城防，原来的形势逆转了。新军第九镇撤到了南京城外。宋教仁当时还不知道，但是到了南京下关，就知道形势已变了。

这个时候北一辉却没有看到宋教仁沮丧的脸，而是脸露微笑，握着他的手，断然说道："不如一起进城吧。进城看一看具体情况，或许能找到什么对付的办法。"这显示一介书生宋教仁也是有胆略的，在这样的情况下他还敢进南京城去。北一辉因此说，"后代的史家必记得宋君这豪言壮语"。但是，后代的史家恰恰没有记得这豪言壮语，因为几乎没有几个中文读者读到过北一辉的《支那革命外史》，所以这句话一直没有被写进任何一本中国史的著作中。宋教仁在船舱中托付另一个革命党人倪铁僧："吾今日已计生死于度外，但你必须保护外国友人的安全。"这是他们在渡长江的时候宋教仁的嘱咐，当时各省同志的居所、名册及暗号电报等也装在他的褡裢里，但他没有太顾及自己的安全，而是要革命党人保护北一辉的安全，北一辉深为此事感动。

到南京之后，北一辉给黑龙会发去了三十六封电报，其中三十三封是南北议和和中华民国临时政府成立期间发出来的。有两封电报很重要，分别是 1911 年 12 月 18 日、12 月 20 日发的，希望内田良平能劝阻山县有朋内阁不得使用武力干涉中国内政。读过这批电报的黄自进从中归纳出四个要点，也就是北一辉当时的四项主要建议：一、日本应支持在南方革命阵营的基础上推动南北统一。二、今后应厚植以宋教仁为中心的亲日派势力。他认为宋教仁是留日学生领袖，亲日派在中国政坛上的代言人。"宋教仁在中国政坛上势力的消长，自然也可视为日本在中国势力的进退。"三、应联合美国，支援南京临时政府的财政。四、反对满洲独立。[3]

这是当时北一辉通过黑龙会给日本政府的建议，试图影响日本政府应对中国正在发生的这场革命的政策。

宋教仁已洞察到一旦汉口失守，天下人心对革命党的向背全寄予南京攻坚战的成败上，南京城能不能拿下，决定着整个革命的成败。这是他的规划，最后南京果然拿下了，率先进城的镇江都督林述庆进驻两江总督府办公。各路的军头几乎要火并，争夺谁是南京城的主人。宋教仁以天才的手腕调停了几个将军的矛盾，以林述庆为北伐军总司令，总司令部设在扬州，徐绍桢为南京卫戍司令，朱瑞率浙军回杭州，请苏州的程德全为江苏都督，宋教仁做政务厅长，掌握南京城的政务。这是孙文回国前的安排。此时宋教仁不足三十岁，血气方刚，作为革命党的首脑人物，以为光复了南京，乃是天降大任于革命党，只要总揽大权，即可轻易打倒满清。但是，他没有想到脚下各处都是陷阱，革命的浪潮波涛汹涌，群众的心理变化莫测，朝不知夕，破绽逐渐暴露出来了。就在推选大元帅、副元帅时，闹了很多的别扭。他想既然南方已定，就要推选大元帅，最初以黄兴为大元帅，黎元洪为副元帅。反对最激烈的是浙军的将领朱瑞他们，说败军之将怎么能做元帅呢？他们是打下了南京的胜利之军，黄兴是汉阳败将，不能做元帅，最后只好倒过来，黎元洪为元帅，黄兴为副元帅，黎元洪还是留在武昌，由副元帅代行元帅之职，到南京来建立政府。革命还没有成功，就陷入了一个巨大的漩涡，内部的争权夺利开始了。就在这个时候，孙文回来了，回来的时机恰好，就摘了革命的果子，仿佛水到渠成一般。

当然宋教仁也有很多的失策，他不是神仙，也预料不到每一步的变化。北一辉给朋友写了一封信，信上讲："昔者革命儿拿翁（拿破仑），得悉巴黎危急，弃其军在埃及沙漠，单身归京。但孙公至今尚未归来，实为愚不可及。不过，随着武汉起义骤然爆发，身在美国的孙逸仙顿时全身罩上五彩光环。对于完全封锁在秘密铁函中的中国革命党的突然起爆，全世界不明其所以然，惟有将孙与中国革命视为一体。如所周知，拿翁冲破敌舰的封锁径自回国，但不见得比拿翁更伟大的孙，却缺乏直接回国的决断。他戴着五彩光环先在欧洲几国风光了一番，然后就以英雄的姿态站在上海埠头了。……比华盛顿还忠厚老实的孙逸仙，就在日本人的保驾护航之下安全回国，完全符合他提倡的依靠外援的美国式情结。"

自 1907 年以来，他一直对孙文不满，却又说孙文比华盛顿还忠厚老实，这是一个正面评价吗？其实，仔细一看，还是指向他所说的孙文有"依靠外援的美国式情结"。他接着说："英雄就在我们的眼前耸立起来了。对俘虏和败将表示不满的群众心理发酵了在大元帅之上必须得有英雄人物的想法。"谁是俘虏？黎元洪。谁是败将？黄兴。两个元帅，一个是俘虏，一个是败将，群众当然不满足，群众需要英雄，英雄就是孙文。孙文没有放过一枪一炮，但他不是俘虏或败将。对于这样的结局，北一辉极为不满，所以他说："因世界之误判使之身披光环的孙，在获得本国同志拥戴之前，首先得到数百名日本浪人在他脚下顶礼膜拜的礼遇。"孙文带着这些日本浪人来到上海，受到英雄一样的欢迎。

孙文要做临时大总统，首先遇到的一个问题是如何解决与宋教仁的关系，宋当时对孙文是非常不满意的，所以孙文到了上海先给宋发了封电报："文离开祖国已十余年，今日得以重踏故土，乐不可言，此全赖诸公所赐。"这封电报是向宋教仁伸出橄榄枝，宋教仁却不乐意孙文做大总统。当北一辉向宋教仁说了这件事情后，宋满面通红，严辞说："我已经被兄的大元帅说所误，又被黄的优柔寡断所误，如果再被孙的空想所误，这革命将何以处之？黄君食言不来也罢，我有兵力。但我绝不允许孙辈踏入这城门一步！"

这番话说得很清楚，最早建议设立大元帅和副元帅是北一辉，而黄兴优柔寡断迟迟不到南京来上任，现在他反对孙文这个空想家来南京，决不允许孙文来南京，这是他当时的态度。

相隔三十六年（1947 年 4 月 3 日），职业教育家、社会活动家黄炎培还从参加过辛亥革命的俞寰澄那里听说，广东人要推孙中山为临时大总统，湖南人以宋教仁为首，要推黄兴，各不相让，经陈英士、张静江等力劝，宋教仁才作罢。[4]

其中劝宋教仁的还有一个张继，北一辉说，张继就在这个时候，作为孙文的说客来了。1907 年张继在日本也是反对孙文的。张继最终说服宋教仁与孙文握手言和，宋教仁终于同意孙中山做总统，一笑泯恩仇。

孙宋和解，北一辉认为太具有戏剧性了，原来两个人都已闹翻。他最后感叹说，"此后的事实表明，宋君乃天底下最最不幸的命运之子。就在他的手与孙的手紧握之际，他不知道他的脚已被孙中山的手下的马君武紧紧缚住了。"

宋教仁后来挨了马君武一拳头，把他的眼睛都打出血来了。北一辉认为，宋君对孙君的美国理想让步，虽设置了总理，但不负全责；大总统本身掌握大权，任命官员。对于这种让步，宋教仁向北一辉辩解说："现在的临时政府，仅仅运作到北伐成功为止，今日最要紧的是讨满与共和的协调团结，美国制与法国制的孰优孰劣应该是天下统一后再解决的问题。"北一辉愤然说："如果不南北议和，如此不堪的中央政府，最多撑一个多月就必定土崩瓦解。"面对北一辉的愤怒，宋教仁报以冷静的微笑。但他接受了北一辉的建议，准备出任法制局局长。本来他的职务是内政总长，但是由于马君武等人的极力反对，他做不成内务总长。时刻不忘政治考虑的宋教仁，还决定推选湖北都督府的民政长汤化龙做法制局的副局长。

对于中华民国南京临时政府最初的政治制度设计，包括《临时约法》对总统制、内阁制的设计，已经有两个学者对此做过出色的研究，这两个学者都是留美的，一个叫张佛泉，一个叫鲍明钤。鲍明钤的著作是用英文写的，商务印书馆在1924年出版了他在美国的博士论文《中国的民治主义》，就从政治学的角度研究过这一段政体之争，对当时设计的这个政治制度的缺陷有详细分析。鲍明钤后来是朝阳大学的教授。张佛泉也是一位政治学家，是胡适欣赏的年轻学者，他早期写的几篇文章，讨论了民国初年政体设计的缺陷，现在看来仍旧是很有见地的。

很多人都认为宋教仁是沟通中日的最佳人选，他自己也愿意担任遣日全权代表，两次表示愿意在中日之间做桥梁。参议院虽然通过了这个任命，但是由于形势发展得太快，他没有机会再次踏上前往日本的轮船。中国要顺利完成和平的政体转型，日本的影响是举足轻重的。这是他当时曾经想过的一件事，另一方面，鉴于当时南北对立的现状，他权衡各种利弊得失后，提出在大总统下面设立责任内阁。同时，又保持孙文的地位。这件事情引起了胡汉民他们的极力反对。这个争论，关于总统制和内阁制的争论，或者是法国体制和美国体制的争论，成为当时最重要的争论。

宋教仁发现自己在政治的斗争当中已处于弱势的地位，所以他一门心思把精力放在另一个方面，专心于组织国民党，把同盟会改造成国民党，希望自己能够当上实权总理。终于在1912年的冬天到1913年的春天举行的国会参众两院选举中，国民党掌握了参众两院的多数选票，他已完全有可能被选为总理。作为国会多数党的领袖，未来的正式大总统也不能不受到他的制衡。他既不想让南孙当总统，也不考虑让北袁当总统，而是想让第三者——被认为最愚笨懦弱的黎元洪——来当总统。这些因素或许都构成他被暗杀的原因。宋的意图是：实权由革命党掌握，让黎元洪担任虚位元首，来度过这个危险的过渡期。北袁南孙当然不会不知道宋的心思。宋处于极为危险的境地。所以，他必死无疑矣。

宋教仁之死

1913年3月23日，上海《民立报》上宋教仁治丧委员会的名单中出现了两个日本友人的名字，一个是北一辉，另一个是宫崎滔天。北一辉与宋教仁的关系是被人公认的，他是宋生前的好友。他当年与中国革命党人的合影中，其中一幅有陈英士（其美），也有宋教仁，他们都很熟悉，北一辉最后认定是陈英士杀掉了宋教仁，并指向了陈背后的孙文。

对于宋教仁之死，他写下了这一段话：

> 不能不谈的是作为二次革命的诱因，那就是故人宋教仁君的横死事件。宋被刺杀，是天人共愤之恶业。亡灵的不白之冤，是三年来隐藏在鄙人心中的最大块垒。鄙人可以负责任地说：袁不是暗杀宋的主犯，他仅仅是个从犯而已。暗杀计划的主谋者是宋的革命"战友"陈其美，还有一名惊天从犯，即为世人所尊敬的某位藏镜人——此人权势最盛之际，正是作恶最烈之时。

北一辉认为，孙文直接指使陈英士，或暗示陈英士暗杀宋教仁，当然他缺乏实质证据。他讲到宋教仁死的现场，"故人宋君倒在上海火车站的刺杀现场，他一手捂住像瀑布般喷出的血流，一手抱着于右任君的头，说出遗言：'南北统一乃余之素志，诸友若因小故而相争必将误国也。'宋教仁一死，革命党的脑袋就敲碎了。"他认为宋教仁是革命党的脑袋。"黄兴扶着棺木号淘大哭。谭人凤随后赶到，大发雷霆。闻宋被杀，天下骚然——恶逆至此，夫复何言。主谋者忙于治丧。作为从犯之一的袁世凯从北京发来唁电，另一从犯则让人送来最大的花圈。”

谁是主谋者？他直指陈英士。“悲伤欲绝的黄兴失去了进退，怒发冲冠的谭人凤认为只能武力解决。主谋者眼观八方，则觉得与其他从犯一起举兵，既能瞒天下之耳目，又可以扳倒北方的从犯，岂非一举两得？而北方的从犯对主谋者与其他从犯的背信大感愤怒，为了表示自己的清白，也做出了格外强硬的姿态。革命党的舆论对袁的强硬甚感愤怒，且误认袁就是主谋，于是和真正的主犯组成不义之军。举兵谋略由上海都督府像无底之瓶似地泄露出来。具体的杀人凶手从租界警察局引渡到主谋者的权力范围后，要不是立即被毒死，就是马上逃走了。对于是否举兵踟蹰不定的黄兴，遭到主谋者和从犯者诟骂，说他与袁勾结。而被称与黄勾结的袁，又指称悲伤欲绝的黄是暗杀宋的嫌犯，要求法庭审理。全中国的激进爱国党人都为宋之横死激动万分，有如沸腾的滚水，他们不顾宋的遗言为北伐讨袁做准备。谋害宋的元凶两犯则以替宋报仇为名站在二次革命的前线。”

这是北一辉的分析。这一历史的惊天谜案，一百多年过去了，谜底还未揭开。他的说法也只是一家之说，缺乏更多证据的支持。

北一辉回想宋教仁在东北运动“马贼”受挫，回到东京，开始来看望他，已经是七年前的事了。那时，宋教仁经常被警察跟踪，有时跟北一辉分享同一碗饭，生活是清贫的。宋教仁也曾被日本痴女的深情所困惑，非常滑稽。他又想起一同下榻武昌都督府——

一边听着震动玻璃窗的炮声，一边愉快地听他讲述个人的理想和作为。炮弹落在船边，互相望着苍白的脸，迅即又为没有中弹而豪气干云。在南京城外重逢，同时说出“你还活着吗？”紧紧拥抱、喜极而泣。横死的前日，还议论纵横，且发生争论——现在想来，后悔不已。

这是北一辉对宋教仁的真挚感情。宋教仁横死之后躺在白色床单上的面容常常在他的眼前浮现。陷于悲痛中的北一辉，在上海的报纸上公开发表文章，揭发"暗杀宋教仁乃孙文所为"。直到后来他被日本驻上海领事强行返回日本，三年内不准入境中国。

三年后，他写《支那革命外史》时，回顾此事，认为这是上海的领事有吉明获悉了凶徒们的杀害计划而把他救出险境，真是神佑人也。他认为自己快要找到凶手了，到处嚷嚷，"杀宋教仁的是孙文"。他认为，有人要暗算他，而日本领事驱逐他出境，正是保护了他的性命。在日本外务省的档案中，还保存着两份当年涉及宋教仁案的密件——

日本外务省密件之一

机密第 47 号

大正 2 年（1913 年）4 月 8 日

驻上海

总领事有吉明

外务大臣男爵牧野伸显阁下

关于离境命令的报告

对左记人员发出禁止在清国侨居命令的报告敬具

左记

新泻县佐渡郡两津镇字凑町 61 号

平民

上海乍浦路 19 号松崎洋行居住

无职

北辉次郎

明治 16 年（1883 年）4 月 16 日生

右者曾于东京出版有关宣扬社会主义的著作，其后该出版物被查封。平日据说经常发表危险言论。前年中国发生革命风潮之际，该人渡海来到本地，与宋教仁共住于右上侧所写之地方。据该人自我吹嘘说，他除了积极参与留日中国学生的革命运动，还从事秘密输入武器军备的勾当，且从中谋取利益。此外又与数名中国人共谋，取得谷米输出的权限，以此而取得特种利益。随着中国革命的兴起，有不少国人来华欲寻找发展新事业的机会，但这些人不谙中国底细，该人有向这些人骗取金钱之嫌。有太田三次郎等人欲控告该人犯了诈骗罪，后经谈判私了后，暂缓起诉。此外，该人以收取运动费为名向我在华侨民勒索金钱。不仅如此，该人也以同样口实向英商怡和洋行等大机构索取运动费。总之，敲诈勒索成为其糊口之手段。虽说毫无收入，其日常之生活，却极尽奢侈之能事。据说该人欠下在华侨民和中国人巨额债款，众人对之无可奈何。今回发生了宋教仁暗杀事件。有关暗杀疑犯及行凶情况，该人信口雌黄，密告黄兴与在华侨民共谋，又密告各国租界的警察也有干系，引起中国人和外国人的重大疑惑，对我在华国人也有其他嫌疑。若任由其胡言乱语，必将严重妨碍地方之安宁。为此，命令该人从本日起三年内不准在清国侨居。[5]

这是 1913 年日本驻扎上海总领事给日本外务省的官方文书，距离清廷退位已经有一年多了，还是称之为"清国"，而不是称"中华民国"。这里面涉及宋案的线索是什么呢？"该人信口雌黄，密告黄兴与在华侨民共谋，又密告各国租界的警察也有干系。"北一辉认为宋教仁之死，许多人都有嫌疑，甚至连黄兴都脱不了干系，确实黄兴就在案发现场，拓鲁生、陈策、廖仲恺等人也在场，于右任等在不远处。凶手武士英并没有见过宋教仁，夜里十点钟，闸北火车站路灯昏暗，现场即有帮助武士英认人的，其中有陈英士过去在沪军都督府的手下。

日本外务省密件之二

机密第 730 号 5 月 1 日

考察人谈话摘要

接受离境命令于近日归国的社会主义者北辉次郎就宋教仁暗杀事件做了如左谈话，其谈话内容真假难辨，现上报仅供参考。在暗杀宋教仁的阴谋者中，有化名为王古谟的大久保丰彦，目前滞留在上海香港路 5 号我国人长冈丰所经营的慈惠医院内。其在宋被暗杀前后，往来于应桂馨等人之间，并将多数秘密档案交给其洋妾的干爹叫做野口某某的保藏。关于大久保的行为，住在上海北四川路横滨桥旁 168 号的高望信弥及长田实等人都愿意在任何时候挺身作证。已被拘留的应桂馨等人，若坦白右面之关系，将对我国外交工作产生巨大的障碍。[6]

这份档案就更详细了，北一辉发现涉嫌暗杀宋教仁的这些人中有日本人，大久保丰彦化名王古谟，目前住在什么地方，他都清楚，证人也有，而且这些人与直接指使暗杀宋教仁的应桂馨之间的往来档案保存在哪里，他也找到了线索。

当宋教仁遭暗杀后，万分痛苦的北一辉组织私人调查小组进行了几个月的秘密调查，最终找到了一些蛛丝马迹。这份机密档案最后说：已被拘留的应桂馨等人，如果坦白这样的关系，"将对我国外交工作产生巨大的障碍"。日本人也怕有牵连。这份文件为机密第 730 号，时间是1913 年 5 月 1 日。这是北一辉不知道的，他看不到这份文件。这是根据他的谈话记录，加上了审查他的人的意见，交给日本外务省存档的。其中有些线索迄今仍然没有变得清晰起来。

探究革命因果

北一辉的《支那革命外史》，不仅有他的回忆，更重要的是他的政策建言，他之所以要写这本《支那革命外史》，最初的目的是给日本首相大隈重信看的。所以这本书相当于是他对中日关系的一个建言。他把自己亲历的中国革命和他对中国的见解杂糅在一起，写成了这本书。其中有与史实不合之处需要警惕，但同时他也提供了独家的、不可替代的史料和思考，具有珍贵的、不可复制的价值。可以说，这本《支那革命外史》是令人纠结的一本书，中译本长期没有流传，日本人一直不愿多说，一本令人尴尬的书。在这本书的绪言中，北一辉这样写着：

> 从中国革命党秘密结社起，鄙人就与该党的领袖和执行人物秘密接触且共同奔波达十年之久。虽然尚有其他数名日人同志均为豪士俊杰，但由于所交所视所行各有不同，故鄙人自有个人之独特见解。十年岁月虽然不长，但与革命领袖们朝夕相处，亲身耳闻目睹，在出生入死间得到第一手的资料和体认。所以，鄙人所云者绝非书斋里的空头议论，也非街头巷尾的流言蜚语，乃系对中国革命党和革命中国的有根有据的说明。

对于孙文的理想，他有这样的分析：

> 鄙人参加秘密结社时代的中国同盟会时，曾在孙文的家中当着他的面发誓立盟。正因如此，鄙人时常尝试去理解孙氏，对他予以深切的同情。但是，通过漫长的岁月观察和严酷的事实，不得不得出这样的断

言：孙文的理想从一开始就属于错误的方向，中国所希求的东西与他给出的东西完全是两码事。假如这断言是正确的话，那么通过他来考察革命运动、认识不断发生革命的中国，就不能不说是徒劳无益了……而视孙文之名为中国革命化身的观察家，当他们认真探讨革命党的真理想和革命中国的真要求时，就不得不面对孙文的美国理想（孙乃亲美主义者）；但它基本上不是中国革命党的理想，也不符合中国的要求，甚至两者间根本没有交集。

实际上，孙文的中国与古德诺的美国，两者的立国精神是完全不同的。北美的建国者是那些宁愿舍弃故国也不愿放弃自由、为了信仰自由而不为母国所容的移民子孙。美国人自诩他们的国家乃自由之乡，尽管清教徒的血液随着移居者的增加而逐渐浑浊，但自由仍成为贯穿这个国家历史的国民精神。中国则与其截然不同，百姓遵奉与自由相反的服从式道德，即所谓孝顺父母和忠于君王的忠孝两全模式，齐家治国平天下。换言之，中国人是在统治道统异常发达的历史下生活的国民。

美国的建国历程淬炼出一批崇尚自由的移民，中国数千年的历史则鞭打出一大群奴隶。美国和中国根本是从立国精神到历史发展方向迥然不同的两个国家，孙文生搬硬套的空想也未经美国人的充分论证，而这也成为了革命党在自觉方面，广为人所知的痼疾。在世界上的共和国当中，只有美利坚合众国未经反动与革命的反复较量，立国就是简单的分离，毋须依靠革命。所以，大总统负全责，在反对党监督下领导国家，国民充分享有反对的自由和监督的自由。

对于那些自由尚未觉醒或正在觉醒但仍被专制的历史惰性牢牢掣肘的国家，绝不可能实行像美国那样的制度，也不会拥护自由。这就是说，只有像美国那样实行两党对立政治的国家，才拥有反对的自由、监督的自由、批评攻击的自由、轮流执政的自由。而对那些不允许反对党存在，不将所有的自由踩蹒殆尽绝不甘心的一党专制政治而言，在野党似乎成了"叛徒"的代名词。

假如在中国的立国和它的漫长的历史中，找不到拥护在野党自由的国民自由精神，那么孙文抄袭美国式大总统政治的理想，从逻辑上推想，反而会背叛民主自由而让专制登台。

一百多年后重温北一辉的这些想法，固然他对孙文的反对带有个人偏见，但也不是完全没有道理，值得我们斟酌和深思。所以我觉得有必要要重新认识北一辉，需要重新看待他的《支那革命外史》。在这本书中，他深入分析了辛亥革命的因果关系：

既然如此，那为何中国要采用共和政体？为何孙文被推举为民国第一任大总统呢？袁世凯怎么成了大总统？孙君怎么成了木偶？对孙黄谭宋等人的成败得失自有人予以褒贬，鄙人论述的目的则在于研究革命的因果关系。

世人对于在武昌首义后不足一个月的时间内就有半个清国、十一个行省呼应，三个月就达到推翻满清的目标，认为乃中国人的亦步亦趋性，以及无谋的谩骂所致。殊不知革命的炸药早就藏在汉译书籍内，从而被埋在三百九十一万平方英里的中国国土中了。

鄙人也曾与中国友人一起战斗，是故常在官府的监视之下……革命乃书生之事业，那些靠考试及第而取得官位者对此是不可能理解并产生共鸣的……一个堂堂帝国，何必为见到雏鸭入水而狂乱如鸡？日本不应该对中国采取霸道的态度，应以浩浩荡荡、雄浑的王道思想，在破坏旧中国，建设新中国的伟业中尽一份棉薄之力。

中国的新理想几乎全来自日本的思想。而孙文的照抄美国，不过是探究革命形而上的原因之际，毋须多加注意的主张之一罢了。对我东洋的不列颠而言，切不可以重蹈英国漠视对法国革命应有的责任和荣誉的覆辙。

北一辉在提出政策建言时，反思辛亥革命，认为真正要关心的不是谁成谁败，而是要探讨革命的因果关系，他更关心日本如何影响中国，日本的思想如何影响中国人这个命题。

他真正想探究的其实是这样一种因果，而不在那些个人包括孙、黄、谭、宋的成败得失，或他们之间的个人恩怨。

北一辉认为，正是内田良平、宫崎滔天促成孙黄联合，才有了同盟会，这是一个丰功伟绩，希望邻国史家往后编纂民国史时不要漏掉这浓墨重彩的一笔，他继续分析：

> 孙文的美国思想过于浓厚，令革命运动带有太多的世界主义色彩；而黄兴一系毋宁说具有排外的国家主义思想，所以两者的距离相差太远……更何况著有《訄书》、提倡反清复明的章太炎出狱了，作为三百年不世出的大文豪，他的盛名为革命队伍注入了炽烈的国粹觉醒……孙文在革命之初提出的广东独立案与黄兴、老谭他们致力的反清复明运动，在根本性的国家观念上存在着不可逾越的沟壑。更由于章太炎的舆论鼓吹和日本思想的普及，进一步深化了这些领袖们的觉醒，从而使尊奉世界民主主义的孙文与崇尚国粹复古主义、国家民族主义的其他领导人不得不分道扬镳，此乃理所当然之事。

中国革命阵营内部充满着不同思想倾向的人，而日本的影响是举足轻重的，谭人凤也曾长期居留日本，受到日本的影响。北一辉对谭人凤有非常高的评价，认为谭是纯正的中国本土的豪雄，同盟会中部总会的主干。同盟会中部总会就是由谭把一批青年书生和哥老会的各个山头捏在一起的一个反清兴汉组织，他把谭视为中国气运的化身，认为谭的身上包容了爱国革命党的力量，能把一个堕落的中国变成一个正派的中国，利用"东方魂"来改造腐败堕落的中国。他认为：

> 宋教仁的国家主义者集团视国粹会党化身的谭人凤为党的领袖，绝非是偶发的或一时性的联合，而可看成是牺牲心理的共鸣和相同思想系的合理融合。

> 加入同盟会中部总会的时候向谭人凤宣读的盟誓，恰似加入中国同盟会时向孙文宣读的盟誓一样。虽说附有将来有机会不排除两个系统联手的条文，但难以掩饰两者分离的实质。

> 老谭以"联络部长"和"文事部长"之名与诸省同志声息相通，宋（教仁）、范（鸿仙）两君则已牢牢掌握《民立报》——可惜两君相继横死，只剩下谭翁一人高寿，这是何等悲切！

> 这位可怜的所谓"大义首倡者"在革命爆发后易服逃跑，藏匿在下属的寝床底下……如此不堪的黎元洪、三天后姗姗来迟的谭人凤、在上海沉思的宋君、在香港灰心的黄兴、还有正在美国耽读华盛顿传的孙文君——这就是当年中国革命党领袖们的众生相了。

宋教仁是他们当中最年轻的，但是年轻的宋教仁没能掌握中国的气运。北一辉最后有这样一个评价：

> 故人宋教仁君，其不幸生涯宛如慧星般，迅速消失在空中的我的好朋友呀！他上北京组织国民党，在能决定正式大总统的总选举中取得可以控制两院的绝对过半数大胜，这可吓坏了袁。而辛亥的武昌一夕谈，又令黎元洪对他佩服得五体投地。然后宋君东下长江，其熠熠光辉开始为众人所仰视。作为卓越的革命家，当他横死于上海火车站时，那些以前谗诬诟骂他的人都一改口风，盛赞宋教仁乃肩负整个革命党命运的伟人。他在革命党内的统率地位，至此才浮上水面。其实只要观感敏锐的话，就可以发现在这之前，宋君已经在号令革命党的国民运动了。

"肩负整个革命党命运的伟人"——可以看作是北一辉对宋教仁的盖棺定论。如今这位伟人死了，革命党的命运逆转了，中国的命运也就此逆转了。

阅读北一辉的《支那革命外史》，我深感有许多问题值得重新思考，比如，在中日两国急剧的历史变动中，一代青年对国族命运、东亚命运的思考、行动与牺牲。那一代青年，包括宋教仁和北一辉他们，在那样的时代中他们是如何主动地回应了时代的剧变，无疑他们当时选择的是行动，是革命。

究竟怎样重新定位或反思处于文明转型中的中日命运共同体、东亚命运共同体，乃至人类命运共同体？中日两国是有血缘关系的，有着很深的文化血缘，不仅都是黄种人，而且文化也是共通的，近代以来面临着相似的挑战，北一辉和宋教仁两个"八零后"在那样的时代里作出的抉择，也是一个如何共同面对文明转型的选择，北一辉亲身参与了中国革命，而且参与得相当深。

如何从人类命运共同体的角度看待个体的命运和牺牲。像宋教仁、谭人凤、北一辉，像孙文、黄兴，乃至很多无名的人，看起来微不足道的人，包括那个受雇向宋教仁开枪的武士英，难道不也是悲剧吗？难道他不是牺牲者吗？无论俘虏、败将、英雄还是凶手，他们都是悲剧，无论是伟人是懦夫，也都是悲剧。每一个个体生命，在人类命运共同体当中，尤其在风雨飘摇的时代转折中，各自怎样选择自己的未来，有没有机会选择未来，其中都有偶然性，又有必然性……对于这些问题我们都还可以进一步思考。

2014 年 10 月讲，根据录音整理

注：

1、以下未标明出处的引文均来自北一辉著《支那革命外史》，董炯明译稿。

2、黄自进《北一辉的革命情结：在中日两国从事革命的历程》，台湾中央研究院近代史研究所 2001 年，128—133 页。

3、详情可见黄自进《北一辉的革命情结：在中日两国从事革命的历程》，135—146 页。

4、《黄炎培日记》第 9 册，华文出版社 2008 年，269 页。

5、日本外务省档案复印件，机密第 47 号，大正 2 年（1913 年）4 月 8 日，董炯明 2011 年 5 月 25 日译稿。

6、日本外务省档案复印件，机密第 730 号，大正 2 年（1913 年）5 月 1 日，董炯明 2011 年 5 月 25 日译稿。

诗与政治
——晚年汪精卫心路试解

不负少年头

1923年9月28日，诗人徐志摩与胡适等相约一起到海宁看潮，又一次见到汪精卫（1918年在南京的船上曾见过他一面）：

"他真是个美男子，可爱！适之说他若是女人一定死心塌地的爱他，他是男子……他也爱他！精卫的眼睛，圆活而有异光，仿佛有些青色，灵敏而有侠气。"[1]

汪精卫少年成名，一表人才，文章好，演讲更好，他一生中留下的最重要的作品，则是他的《双照楼诗词稿》。在他生前，《双照楼诗词稿》就出版了一部分，最终这个诗词稿由他的妻子陈璧君补全。

我们可以透过汪精卫的诗词来重新认识这个人，认识他的政治生涯，认识他所处的时代和他的心路轨迹。以诗解史，是要冒相当风险的，因为诗无达诂，却也提供了一条另外的路径。

汪精卫

世人知道汪精卫的诗大约是从这些诗开始的。1910 年春天，辛亥革命前夜，他在北京刺杀摄政王未遂，以为必死无疑，曾写下《被逮口占四绝》：

衔石成痴绝，沧波万里愁。孤飞终不倦，羞逐海鸥浮。

姹紫嫣红色，从知渲染难。他时好花发，认取血痕斑。

慷慨歌燕市，从容作楚囚。引刀成一快，不负少年头。

留得心魂在，残躯付劫灰。青磷光不灭，夜夜照燕台。

流传最广的是第三首，我却喜欢第四首的最后两句，觉得更有味道一点。第三首以诗明志，有点口号的意味。汪精卫在历史上首先就是以这样一个烈士形象出现的。在世人心目中，他曾是一个"引刀成一快，不负少年头"的道德标竿。辛亥变局，当他出狱，参与南北议和，"东南人士仰慕其风采之热烈，为他人所不及也。"当时，他就标榜不做官，民国早期他在欧洲多年，不像胡汉民一直跟在孙文的身边，因此赢得了清高淡泊之名，当然也有人说他不肯负重。直到 1921 年前后，他才开始转为积极，辅佐孙文，从事民众组织和理论宣传。1924 年，国民党改组后，在孙文之下，汪、胡成了最高负责之人。

他在孙文去世后的地位，可以从他曾经的部属、与他有较深关系的周德伟回忆录里看到。1925 年春天，孙文在北京去世后，很多人非常悲伤，包括很多大学生。国民党元老吴稚晖就对学生说："悲伤什么，还有汪精卫。"当时，许多人提议汪精卫应该出来做总理的接班人。汪精卫痛哭陈词："如此，则我同展堂廿余年之交情毁于一旦，革命尚未成功，内部先有裂痕，决不可为。"他想到的是与胡汉民的交情，不愿意出头做国民党的头号领袖，以免让胡汉民难过。但此时国民党的重心无疑已在他的身上。张季鸾认为，他二十年来的政治生涯，或以这一时期为最精彩。

他是个富感情的人，在周德伟记忆中，"汪精卫于每一场合均发表演讲，具极大之煽动力，足以提高士气……精卫的辞令具有血性，又极工巧，听者无不动容，甚至流泪"。但他对汪的评价也不是完全正面的，他在另外两个不同的地方回忆说："但汪太感情化，容易冲动，考虑事理欠周密"，"汪亦感情冲动人物，不能自制"。[2]

这两个散落在不同地方的回忆，与极具煽动力的演讲是吻合的，正由于他易感情冲动，所以他的表达具有煽情的作用。

周德伟 1920 年在北京大学求学，从预科读起，后来因投身政治，没有毕业，曾经是以汪精卫为领袖的国民党改组派骨干。

同样，关于汪精卫演讲的说法，行政院的下属、与其关系密切的陈克文的日记中也可以得到印证。周德伟回忆的是 1925 年，陈克文记的是1937 年。

1937 年 1 月 21 日的陈克文日记说，"汪先生演说颇长，听众极感动"。当天他是听众之一。第二天他又在日记里说："数日来，汪先生长篇演说已不下数次。西安事变后，纷扰沉闷之局，因先生之归来，顿呈活泼气象矣。"因为发生了西安事变，汪精卫急忙从欧洲回国。他在南京发表多次演讲，他的演讲是很能打动人的，由陈克文日记可窥见一二。

而汪精卫此人的缺点，早在 1927 年，张季鸾在天津《大公报》发表的社评《呜呼领袖欲之罪恶》当中，就有一针见血的评价："特以好为人上之故，可以举国家利益，地方治安，人民生命财产，以殉其变化无常目标不定之领袖欲，则直罪恶而已"。张季鸾用"领袖欲"这个说法，而且是"变化无常、目标不定"的"领袖欲"来定位汪精卫。

可是在 1929 年北大学生的民意调查中，汪精卫却是他们心目中的中国第一政治家。当时，北大迎来三十一周年校庆，从12月16日到18日发出一千九百多张民意测验单，收回571张。第九题是"现在的政治家你最佩服的是那一个？"回答是"汪精卫"的人最多，有97人。其次是意大利的莫索里尼，有53人，回答是阎锡山有19人，回答是蒋介石只有11人。在571张民意测验单中，认为"汪精卫是最佩服的政治家"的人数，远远高于蒋介石。虽然97人在571个人中占的比重并不高，但也可以看出在北大有相当一部分人对汪精卫心存好感。这与当时北大学生周德伟的回忆是吻合的，他擅于演讲，富于煽动力，许多青年学子一看到他就喜欢，这就像追星一样。

中原大战前夕，1930年7月23日，汪精卫北上至天津之际，张季鸾一改三年前对他的尖锐批评，在《汪精卫君北来之感言》社评中论及国家领袖人才养成之难，对他颇有几分期待：

> 呜呼，国家领袖人才之养成难矣。中国言改革数十年，维新志士，何止万千，然或寿不永，或才不强，或赉志以殉国，或中道而自弃，而一般通病，在不努力修养，亦未遭遇时机，碌碌因循，毫无建树，以志士始而以凡人终者，比比皆是也。辛亥革命，为近代史之一大关键，然实质上初无成就，军权专制，恶政横行，适遇欧战之潮流，受世界之激刺，十数年来，有志青年之革命热情，又复磅礴而起，而领袖之需要遂更殷，此中山先生晚年之所以更受青年崇拜者也。汪精卫君之才之望，皆为民国之第一流，而修养不倦，新知日丰，七八年来，复发奋负责，故于十三年后，继中山先生而为国民党之领袖，人才时会之相合，可谓无两矣。然资望养成，而不能得其用，抑何可惜之甚也。

汪精卫确是一个非常具有人格魅力的人。他热爱文学，尤其爱做旧诗词，这是他生命中最大的爱好。他和胡适、徐志摩、龙榆生等人都有交往，曾和胡适、徐志摩等人一起看钱江潮，一起在西湖荡舟吃蟹。徐志摩日记中记着，1923 年 9 月 28 日，在海宁吃中饭，汪精卫的酒量极好，一个人喝了大半瓶的白玫瑰。晚上在西湖楼外楼吃螃蟹，汪精卫大外行。他们一路上谈诗，"精卫是做旧诗的，但他却不偏执，他说他狠知道新诗的好处，但他自己因为不曾感悟到新诗应有的新音节，所以不曾尝试。"[3]

也因他擅长旧诗词，把很多精力放在了这里，又能以激动人心的演讲方式在大众那里获得好感。所以，他在包括北大学生在内的青年学生当中，都相当的有市场。这样一个做"烈士"出身的人，又不好官，在民国期间经常辞职、出洋，往来于中国与欧洲之间。但到了蒋介石掌权时期情况发生了变化，蒋在国民党内的资历远不如他，他们都是"八零后"，但 1887 年出生的蒋，比他小四岁，在同盟会是个不起眼的后来者，又不会写诗、写文章，在他眼中不过是一介武夫。他看得上的是胡汉民这些人。1927 年后在中国崛起的却是蒋介石，这是中国的一个传统，暴力的传统，蒋介石手握枪杆子。在 1927 年以后，蒋介石与汪精卫的关系也成了国民党内最重要的一个关系。他们经常分分合合，在最大的一次裂痕——中原大战中，阎锡山、冯玉祥、李宗仁联合汪精卫反对蒋介石，与南京政府分庭抗礼，并在太原举行扩大会议，制订了一部宪法草案，这在当时是一件十分重大的事情。

在金雄白的《汪政权开场与收场》一书附有一篇汪精卫临终前的口述遗嘱。这份遗嘱要求二十年后才解密，很多人对这份遗嘱的真伪有争论。但这份遗嘱中的许多细节，可以成为破解汪精卫晚年政治选择的钥匙。汪精卫的遗嘱叫做《最后之心情》，这五个字是他亲笔所写。其中，他提到 1930 年，"扩大会议之后，曾通过宪法，当时张季鸾先生曾草文论之，言政局失败而宪法成功。余曾告冰如，此为雪中送炭。"从 1944 年的遗嘱来看，他对张季鸾相当的尊重。虽然张季鸾 1927 年也曾尖锐批评过他，但他称张季鸾为"先生"，并且很感谢张在 1930 年的太原扩大

汪精卫

会议后，在《大公报》发表评论说"政局失败而宪法成功"，对他给予了正面评价，所以他当时就对他的妻子陈璧君说，这是雪中送炭。直到晚年，他仍念念不忘。相隔二十年，这份遗嘱才在香港披露。

1930年11月1日，张季鸾在《大公报》发表社评，肯定了《中华民国约法草案》："从理论言，此项草案实有许多优点"，"极合人权法理"，"比较任何国家现行宪法为周密"。

《最后之心情》还有一个细节，他说，在与日本人的谈判中，有一条"教科书决不奴化，课内岳武穆文文山之文，照常诵读。意思是说，教科书决不迎合日本人的奴化政策，仍然要有关于岳飞、文天祥的课文，并照常诵读。这是汪精卫回到南京后坚持的立场，为此与当时日本方面的兴亚院还起过严重的冲突。我在一位收藏老课本的朋友那里，看到过汪记南京政府时的国文教科书，汪精卫所言都是实话。

"天亮了"，这是汪政府时代使用的《初小国语教科书》第一册第一课，第二课是小朋友说："先生早。"先生说："你们都早。"多么漂亮，多么纯粹干净。整个的小学课本设计也十分缜密，都是讲天地万物、日月星辰、日常人生等，并没有什么迎合日本的痕迹。《初中国文》第一册第一篇是巴金的作品，第二篇是鲁迅的作品，后面有两篇是冰心的作品，还有《岳飞之少年时代》、胡适的《我的母亲的教育》……课文选了大量并不为当时日本人所喜欢的作家、作品，比如许地山、冰心、胡适、朱自清、郑振铎、老舍，老舍还是中华全国文艺界抗敌协会的主要负责人。我所看到的这本教科书是太原的一个学生1943年从太原的某个书店买的，他在书的扉页记录了购书时间、地点。这是1941年发行、1939年初版的教科书。也就是说，汪与日本合作时期一直在使用。《初中国文》第二册，有叶圣陶、冰心、蔡元培、胡适、鲁迅、巴金的作品。《初中国文》第五册有文天祥的《指南录后序》。岳飞、文天祥以抗金、抗元而名留青史，他们可以毫不忌讳地将这些人的文章或事迹编入课文。

这套教科书是"维新政府"时期编的，汪精卫回到南京后不满意，又重新加以修改。抗战胜利后，在汪政府出任教育部长的李圣五在法庭受审时，"改编教材，实施奴化教育"就作为他的罪状之一，法庭曾将"维新政府"的教科书与"南京政府"修订的教科书摆在一起，进行比照，最后判决书中确认汪政权的教科书，"并无涉有奴化教材之处"。[4]

月是冰心水玉壶

要破解汪精卫最后那些年的心路历程，最好的途径还是他自己的诗。我们读一读他与日本人发生关系后的那些诗，就会明白他内心的苦楚与纠结，明白他不是简单地当汉奸、简单地要去投靠日本，他内心的痛苦不足为外人道也。诗为心声，看上去，这只是一首平平常常的七绝：

月光水色化虚无，月是冰心水玉壶。

化到竹林更清绝，竿竿都是碧琳腴。

这首诗的题目叫《即景》，是他在1941年写下的一首七绝。"月是冰心水玉壶"，他是以诗明志。1940年3月30日，汪记南京政府举行开幕典礼，那天发生了一件事，青天白日满地红旗帜上没有照日本规定附以黄色飘带，遭到日军枪击，汪只好下令将旗帜降下。这是当时发生的一个细节。周佛海当天的日记只是说：

惟因悬旗时，我方多未照协定办法，致使对方不满，为美中不足之事。[5]

没有说日本人开枪，也没说是什么协定，对方为何不满，语焉不详。日记整理出版时加了一个注解，才说清楚。

当时的报纸上，曾登出这样的一幅漫画，光芒万丈的汪精卫站在密密麻麻的人群之上，似乎是如日中天。而未能保全青天白日满地红旗的完整，他当天的心情极为痛苦。

周佛海成为"还都南京"后最有实权的第二人，在3月30、31日、4月26日的日记中不断透露内心的得意。与他的得意不同，有人却看到汪精卫并不得意。一位在场的外国记者记下了，"汪精卫在那一刻似乎恍神地站在那里，泪水潸然而下"。[6]

在周佛海得意极了的同时，汪精卫却是一肚子的委屈，虽然报纸上把他画得光芒万丈，他的内心却是无比的痛苦。"月是冰心水玉壶"，又有谁能看到他的一片冰心？周佛海看不见，陈璧君也看不见，连他妻子都看不见他的一片冰心，无人理解他内心的伤痛。他只有以诗明志，用诗来传达自己的心声。

汪精卫走到这一天，似乎是一个急转弯，有人写汪精卫的传记，书名就叫《从烈士到汉奸》，好像这是一个急转弯。其实并不是，说汪精卫要成为汉奸，早就是一个公开的秘密。1937年7月，汪精卫在庐山亲口对他昔日的下属周德伟说："余早知左派骂余为汉奸，余祖宗坟墓均在中国，且追随孙先生多年为党效死命，何致出卖国家民族利益。"

汪精卫在庐山上说出这句话时，离出走还早。但左派早就骂其为汉奸，因为他向来主张对日和谈。我们再看周德伟的回忆，汪精卫在日本扶植的满洲国的演讲说："我们汉满蒙回藏都是一家，要建立大中华民国，屹立于世界，方能完成我们的志愿。过去各族均有光荣，亦均有悲剧，现在应一概忘怀，同为建立大汉民族而努力，造成更光荣的历史，不受外民族压迫，亦不受外民族的利用。"[7]

当时在场的日本人面色变了，满洲人的脸色红了，这是汪精卫博得全场掌声的一次演讲。这次演讲教训了日本，也教训了那些满洲国的大臣们。他一面做着汉奸，一面却在讲大汉民族的民族气节，这是一种很矛盾、很难让人理解的心态。但是你读他的诗，也许就能理解了。

忆旧游·落叶

叹护林心事，付与东流，一往凄清。无限流连意，奈惊飙不管，催化青萍。已分去潮俱渺，回汐又重经。有出水根寒，拿空枝老，同诉飘零。

天心正摇落，算菊芳兰秀，不是春荣。撼撼萧萧里，要沧桑换了，秋始无声。伴得落红归去，流水有余馨。尽岁暮天寒，冰霜追逐千万程。

这是破解汪精卫心路历程十分关键的一首词。1939年冬天，也就是他将要走上不归路之前，从河内到了上海，曾派随从秘书陈允文探视词学名家龙榆生，龙榆生自述恰巧在《中华日报》上读到了他的这首落叶词，"不免引起若干同情"。[8]

陈克文和朱自清等人都在日记中抄录了这首词。

当年 12 月 9 日，朱自清在西南联大第一次读到这首词，即全篇抄录在当天的日记中（只是抄本中有些字句有出入），他还听说是汪精卫通过顾颉刚转给蒋介石的信息（但顾颉刚日记中没有任何痕迹）。[9]

这首《落叶词》是很讨人同情的，哭的是中国，"叹护林心事，付与东流，一往凄清。"而他是谁呢？他就是"菊芳兰秀"，他以菊、兰自许，不断地以"一片冰心在玉壶"这样的表述来自明心志，不断地以兰、菊或竹自喻，就是想剖明自己是干净的，自己的心是干净的。

他还填过另一首《满江红》：

> 蓦地西风。吹起我乱愁千迭。空凝望。故人已矣。青磷碧血。魂梦不堪关塞阔。疮痍渐觉乾坤窄。便劫灰冷尽千年。情犹热。
>
> 烟敛处，钟山赤。雨过后。秦淮碧。似哀江南赋。泪痕重湿。邦殄更无身可赎。时危未许心能白。但一成一旅起从头。无遗力。

词意之间带血带泪，"青磷碧血"可以回应早年《口占四绝》中"青磷光不灭"那几句诗，此时面对钟山、秦淮，江南的山山水水，只有"泪痕重湿"，拿什么来赎家国河山？他感到最痛苦、最遗憾的是无人明白他的心。

这些词，无论是落叶词还是这一阕满江红，表达的都是他内心的曲折，满腹的心事。他想说明他为何出走，为何要踏上这条注定要招来千古骂名的路。

他出走的心路当然非常复杂。第一个原因，众所周知是他的"曲线救国"主张，这没有什么疑问，大家都知道他主张"曲线救国"，但他所说的"曲线救国"并非说说而已。据说他在离开重庆之前留给蒋介石一封信,里面有八个字——"兄为其易,弟为其难",这话简直就同当年谭嗣同对梁启超说的话一样,一个做容易的,一个做不容易的。他让蒋介石做那个容易的,战是容易的,和是不容易的。战还能够赢得英名,和则一定是汉奸的骂名。这句话让我回想起1910年他到北京刺杀摄政王前夕,留别胡汉民的八个字——"我愿为薪,子当为釜"。他的妻子陈璧君认为,破解汪精卫心理最重要的诗是这一首,认为他的一生几乎都可以围绕下面这首诗展开——

见人析车轮为薪,为作此歌

年年颠蹶南山路,不向崎岖叹劳苦。只今困顿尘埃间,倔强依然耐刀斧。轮兮轮兮。

生非徂徕新甫之良材,莫辞一旦为寒灰。君看掷向红炉中,火光如血摇熊熊。待得蒸腾荐新稻,要使苍生同一饱。

他看到有人把车轮劈为柴,用来烧饭,写下了这首诗。大家可以看到,这与上面所写的"我愿为薪,子当为釜"、"兄为其易,弟为其难"之间,有着一条共通的、内在的理路。他将自己比喻为薪——把我劈掉吧,把我劈成柴,用我烧饭,饭就可以烧熟。他总是抱着这样的心志,"我不入地狱、谁入地狱",这不就是曲线救国论吗?我招来千古骂名,你们就因此得益了,民族因此得救了。

1939年3月底,陈璧君的侄儿陈春圃在香港,曾对李朴生说过,汪精卫最近对一些较为亲近的亲友说,"现在报国的方法有二,一是殉国,又一是救国。……所谓救国便是主张和平。主张和平是危险的;本人今年已经五十以上,要殉国甚为容易;但本人不愿为其易,而愿为其难。"[10]

这番话可以与他说的"兄为其易,弟为其难"相呼应,两者的意思是相通的。他要走的不是殉国的路，而是救国的路，殉国的路是易的，救国的路是难的。如同昔日他选择做薪，而让其他人去做釜。

陈克文是汪精卫的下属，曾经关系密切。1937年1月22日，他在日记中记着，汪夫妇在褚民谊家请较为熟悉的同志家属吃饭，共三桌，两桌是家属和秘书，汪这一桌包括他、陈树人夫妇、谷正纲、曾仲鸣、王懋功、褚民谊。不难想到，他与汪之间有比较亲密的关系，对汪一直有比较好的评价，但他并不赞同汪的"曲线救国"路线。1937年10月18日，陈克文日记说："上午八点到陵园见汪先生，问及外交形势，先生摇头叹息。谓友邦虽有好意，但我方大门关得紧紧的，无从说起。现时只望大家一心一意，支持长久，这些切勿向外间宣露。停了一会，又说从前城池失守，应以身殉，始合道德的最高观念。今道德观念不同，故仍愿留此有用之身，为国尽力，言下态度至沉着坚决。见面约一小时，先生说话甚少。俯头蹀步，往来不已，先生精神之痛苦大矣。"在南京即将沦陷前一个月，他们见面谈了一个多小时，汪的基本立场在这里可以看出来。就是说，以身殉职是容易的，过去也认为这是道德的最高观念。如今道德观念不重要了，留下有用之身为国尽力才是重要的。可惜陈克文当时并没有理解汪精卫这番话背后的含义。当年11月21日、22日，他在日记中继续写道，南京已危险万分，汪精卫仍留在南京，还没有走，汪是最后一批撤离的国民党领导人。

1940年3月30日，汪精卫在南京建立政权这一天，陈克文在日记中说："我们退一万步说，汪确有他的救国热诚和他的救国道理，因为在重庆不能够贯彻所以不得不离开重庆。但试问……"接下来他写了一大堆否定、批评汪精卫的话。就是说即使你有多少曲线救国的道理，都不能这样做。但是汪那一套救国的逻辑，不会因为有多少人的反对，就能轻易地被否定和勾销。[11]

第二个原因可能比第一个原因更重要，就是汪精卫始终不甘居蒋介石之下，这是他最重要的一个心态。1927 年张季鸾的那篇评论《呜呼领袖欲之罪恶》已一语道破，他不愿居人之下，不愿成为二号。为什么他要等到 1938 年才出走，更早的时候为什么不走？原因是蒋介石以前从未成为国民党的头号领袖，至少没有总裁、总理的名分。1938 年 1 月 28 日蒋介石有意召集国民党代表大会或中央执行委员会全体会议，当天举行国防最高会议常务会议时，居正主张召集党代表大会，应以推举蒋为国民党总裁为主要任务，"语次并讽汪精卫先生自行谦退，汪笑颔之。"时为国民政府军事委员会参事室主任的王世杰曾在场目睹。[12]

到了 3 月 29 日，也就是两个月后，国民党临时全国代表大会在武汉大学图书馆开幕，3 月 31 日晚上开会时决定修正党章，设置总裁、副总裁各一人，次日晚上大会闭幕前，出席大会的若干人联名提出一案，推举蒋介石为总裁、汪精卫为副总裁，并由提案人吴稚晖向大会说明，全体起立通过。具体负责运作此事的组织部长陈立夫回忆，最初的方案只是要选蒋为总裁，"这个案子提出以后，汪精卫脸上表现很不愉快"，他看出情形不对，立刻到里面去见蒋介石，说："汪先生好像不大高兴，如果我们再加一个副总裁名额，可能足以挽救此事。"蒋同意了。"这个案子通过以后，选出蒋委员长担任总裁，汪先生原本一心想当总裁，当时脸色都变了，虽然后来又选他出任副总裁，可是他心里一直不大满意。"[13]

龚德柏身为这次临时代表大会的代表，也曾目睹汪精卫被推为副总裁后，"起立说话时，脸上青一块白一块，态度很不自然"。他忆及此事，认为汪"平日自命为党中之老资格，今乃使之屈位第二位，实大大的侵犯他的尊严，而使他永久认为耻辱"。[14]

陈克文在当年 4 月 2 日的日记中写道，有两个人到他家中告诉他，"昨夜汪先生与蒋并立一处，面容惨白，自己亦甚觉难过，几于下泪"。[15]

这几条记录太重要了，"脸色都变了"、"脸上青一块白一块"、"面容惨白"，与此前的"笑颔之"截然不同，何以会如此严重？汪精卫与蒋介石分分合合十多年,他始终不愿看到蒋成为国民党的头号领袖。但如今蒋的领袖地位已定,对他的打击极为惨重,这个打击几乎超过了当年他在北京被抓起来要杀头的那一次。试想当年,他几乎要被杀头了还能轻松地写出"引刀成一块,不负少年头",说明当时的心态是阳光的、是不怕死的。但是这一次,蒋介石选为总裁,他面容惨白,蒋在他眼里永远是个小弟弟,两人虽同在日本留学,但他在同盟会中的资历要远深于蒋。他在创会之时便是领袖级的,而蒋只是一个后进,他从不认为蒋可以爬到他头上。但是1938年的春天,武汉珞珈山,一切都被逆转,他知道今生已经无望,留在国民党内,留在蒋介石身边,他永远只能是二号。

1939年4月19日,他出走之后,陈克文在重庆连日与甘乃光、陈之迈等谈起他的为人,"大家都承认汪先生有许多缺点,不能成为唯一的领袖。可是他平日关于这一点确有些不情愿的。一个人既不能令,又不受命,便不能不进退失据,走入歧途。他这一次的倡言和议,在他固然是以国家民族的利害为前提,其实多少总有一些不肯甘居人下的意识从中作祟。这不是随便糊【胡】说,就平日接触言谈中所得之印象确是如此。"[16]

透过陈立夫、龚德柏、陈克文等人的回忆、日记,再想想张季鸾当年论他的"好为人上"、"领袖欲"、"支配欲",可以看到他不甘居蒋之下的心结。

第三个影响汪精卫出走的因素就是陈璧君。陈璧君如何能影响他?1937年2月3日陈克文在日记中有这样一句话:"汪夫人态度甚严重,方滔滔作训话。"[17]汪夫人只不过是汪的家属,却对着包括陈克文在内的汪下属"滔滔作训话"。

陈立夫说,1938年要选蒋介石为国民党总裁,"这时最大的困难是汪精卫,汪精卫资格要比蒋委员长深,如果汪精卫明智一点,他应该知道这场战争应由蒋委员长去指挥与担任领袖,但汪精卫终不大心服,尤其他的太太陈璧君，个人领袖欲很强，所以这项选举有了困难"。[18]

金雄白说到陈璧君之厉害，一以贯之，从无更改：

> 在战前，汪氏并不是什么国家元首，而当汪氏会客的时候，不问来者是怎样一个有分量的人物，倾谈稍久，陈氏即昂然排闼而入，高声说："汪先生疲倦了，你们可以回去了。"一面说，一面伸手示意，逐客出门，但是在沦陷时期，她仍然不改其故态，当她出门的时候，有日方的人向她包围要求谈话，她的侍从人员就把众人一拦，高声说："夫人不谈话，不照相。"说毕，不管前面是什么人，把手一推，头也不回的迳自扬长去了。前后二十年中，不论处于何等环境之下，她总是维持着这个一贯的作风，也不管对方是什么人，似乎她从不曾对别人假以辞色。[19]

陈公博一直是劝阻汪精卫组织政府的。1940 年 3 月 31 日，陈克文听说，傅汝霖在香港见到陈公博，得知汪并不热心组织政府，"惟陈璧君最热心"，甚至用美人计对陈公博，派四美女去蛊惑他。[20] 这个说法并无其他佐证，不过促使陈公博最后去上海的确是陈璧君，陈公博在《八年来的回忆》说，1940 年 3 月初旬，"汪夫人又来邀我到上海，我问汪夫人是不是要组织政府。汪夫人说你对于这点赞成或反对，请你到上海对汪先生说。"3 月 14 日，他到了上海，"还都南京的一切都准备好了"，他就是劝也没有用了。[21]

再往前，1933 年汪精卫在欧洲不肯回国，也是陈璧君坚决地要求他回国。提醒他不回来的话，政权将落入共产党手中，他就没份了。这些事实都可以看到陈璧君对他的重要影响。有人说，从早年到晚年，汪精卫写给陈璧君的诗，有三个阶段的变化。年轻的时候写给陈璧君的诗中是爱，中间是敬，到了晚年就是畏，越是到了后来他就越畏惧陈璧君。

1939 年 4 月 5 日，陈克文日记说："且汪先生虽甚聪明，但往往缺乏主见。十六年之反对清党，十九年之扩大会议，廿年之非常会议，并非完全出于他本人的主意。所以这一次的主张和议，恐不免有人从中摆布，迫到他走向与敌妥协，受敌利用这一条路，也未可知。"[22]

"从中摆布"他的除了陈璧君，还有什么人，值得继续追究。

还有一个因素，汪精卫曾以为他迈出这一步，一直追随他的顾孟余等，尤其与他有渊源或表达过类似倾向的将领，包括张发奎、陈济棠、龙云等人都会跟进，但他们都没有起来响应。这未免使他出走前或出走之初的那些设想通通落空。1939年6月，他与近卫文麿笔谈时谈到戴季陶、居正，认为蒋介石如自动辞职，"则居戴诸人，可以妥协方法，与新政府合流，共图收拾时局，不敢必然，但有可能"。甚至到了1942年1月，他还在等待着阎锡山、李济深走出"分化推翻重庆"这一步。他跟日本大使重光葵说阎、李都不断派代表跟他联络。这一切最终没有发生。他的失落可以想见。

检点生平未尽心

再来看汪精卫在南京的最后岁月，通过他的诗来解读他的心路。我读《双照楼诗词稿》，感触最深的是，他的诗词当中到处是残山剩水，不断以梅、菊自喻，而我看到的却是顾影自怜，包括他由爱到敬再到畏的夫人也理解不了他。所以他真是十分的孤独，深入骨髓的孤独，真正是一个孤家寡人。我甚至认为他的痛苦胜过一切的人。当然你可以说他是自找的。

梅花有素心，雪月同一色。照彻长夜中，遂令天下白。

他送给龙榆生的一首咏梅诗，看他自己的手迹，字体秀气、漂亮，诗也写得好。他以梅自许，自认为和梅一样有素心。

这不是写给政治同僚的，而是写给诗友的一首小诗，更能传达他内心真实的情感。他也写过无数关于菊花的绝句，这是其中的一首菊花绝句：

一体兼众芳，极妍与尽态。惟有金石心，凛凛常不改。

你看最后那两句，分明就是写他自己。再看这首《菊》：

菊以隐逸称，殆未得其似，志洁而行芳，灵均差可拟。
生也不逢时，落叶满天地。枝弱不胜花，凛凛中有恃。
繁霜作锻练，侵晓色逾美。忍寒向西风，略见平生志。
一花经九秋，未肯便憔悴；残英在枝头，抱香终不坠。
寒梅初破萼，已值坚冰志；相逢应一笑，异代有同契。

这首诗传达的信息很丰富。"生也不逢时，落叶满天地"、"一花经九秋，未肯便憔悴"、"残英在枝头，抱香终不坠"。他甚至寄望于未来有人能理解他，"相逢应一笑，异代有同契。"以菊明志，以梅明志，表达的就是这样一种无人理解的内心隐痛。再看他填的《疏影·菊》：

行吟未罢，乍悠然相见，水边林下。半塌东篱，淡淡疏疏，点出秋光如画。平生绝俗违时意，却对我、一枝潇洒。想渊明、偶赋闲情，定为此花萦惹。

正是千林脱叶，看斜阳阒寂，山色金赭。莫怨荒寒，木末芙蓉，冷艳疏香相亚。不同桃李开花日，准备了、霜风吹打。把素心、写入琴丝，声满月明清夜。

他一再地写梅、写菊、写竹、写水仙，反复想剖明自己内心的干净、纯洁，一而再地出现"素心"这个词。通过这些诗他不断地传递内心说不出的那种苦楚。身边的人都无法理解他，他们是是自私自利的，是来追逐功名的，比如周佛海。甚至跟随他大半辈子的夫人陈璧君也无法理解他。对他来说，他的内心始终充满了孤独，一种难言的孤独。看到山河寸寸的破碎，他的内心无法与他人分享，只有用诗来表达。

1936 年 12 月，他从欧洲回国之时，曾写下一首《舟夜》：

> 到枕涛声疾复徐，关河寸寸正愁予。
>
> 霜毛搔罢无长策，起剔残灯读旧书。

此时抗日战争还没有全面爆发，蒋介石被张学良扣押在西安。他在回国途中虽也有"关河寸寸正愁予"之感，但也还没有到"残山剩水"的地步。三年后，1939 年 6 月 18 日，他从日本返回天津，即将去南京建立政权之时，他又写下了一首同题的《舟夜》：

> 卧听钟声报夜深，海天残梦渺难寻。
>
> 舵楼欹仄风仍恶，灯塔微茫月半阴。
>
> 良友渐随千劫尽，神州重见百年沉。
>
> 凄然不作零丁叹，检点生平未尽心。

这两首同题诗不是偶然的。1936 年 12 月，毕竟还不是"海天残梦渺难寻"，还不是满目的残山剩水。到了 1939 年的 6 月 18 日，《舟夜》的最后两句——"凄然不作零丁叹，检点生平未尽心。"他说自己"未尽心"，说自己做得不够，只能"凄然不作零丁叹"，不能跟文天祥学了。

他在遗嘱中还想到文天祥的文章要继续读，可见他经常会想到"零丁叹"，想到岳飞、文天祥这些人。他熟悉中国的传统文化、中国的历史，他的心中始终有他们的影子。他知道自己这一步迈出去究竟意味着什么，但想到"检点生平未尽心",面对神州陆沉、残山剩水,他要走一步别人未曾走过的棋,他要走一条别人不敢走的路,就是去和日本人和谈。所以,在他的"未尽心"三个字背后,有很深的历史内涵在其中。他确实未尽心,不仅他未尽心,蒋介石也未尽心,所有当时中国权力舞台上的角色都未尽心。这种"未尽心"就导致了1937年以后中国的悲剧命运。

"未尽心",不仅是汪精卫诗中传达的心绪,甚至可以说,抓住了这三个字,也就可以深入他的政治生涯。他的老部下周德伟的回忆录中,对他有很多正面的评价,但是也毫不讳言地指出:"彼不甚好读新书,知识不进步,确为事实,而专用力于诗辞,殊为可惜。[23]

一个攻击他、敌对他的人这么说,你可以不当回事,但是一个与他有近距离接触、追随他的人对他作出这个评判,却是值得相当重视的。张季鸾1930年7月说他"修养不倦,新知日丰",则是远距离的观察。"专用力于诗辞",抓起来要杀头了,他可以写首诗。要去投靠日本人了,他也写首诗,已经跟日本人合作了,他把自己的心绪也放在诗中。他确实把大部分的精神都消耗在了诗辞上面,"不甚好读新书,知识不进步",这是真的。遥想当年,汪精卫留日之时,一个翩翩少年,在《民报》执笔,言论风采倾动一时,其文章与主持《新民丛报》的论坛之雄梁启超对垒,丝毫不让。他一生最花心思的文章就是在《民报》时期写的。难怪被清廷逮捕后,王公亲贵读了他洋洋洒洒的供词,也能谅其志而惜其才。而在此后漫长的时间中,他并没有尽心求新知,视野也限于国民党的范围里。

1937年7月,周德伟上庐山见汪精卫,亲口对汪说了一番话:"公勋以国民党之政权为号,处今日之形势,恐不足以号召全国之人心。……"这是在庐山谈话会之后,大战已迫在眉睫。汪精卫如此回答:"君究竟是留英学生,深通宪政。余追随孙先生数十年,曾为党效死命,故每发言不能忘党!究不及君之思想活泼。"[24]

汪精卫知道自己已无法跳出"党"这个圈子了,他一生都在国民党这个圈子里面。这段话也可以来说明他"未尽心"的另一个侧面——狭隘性，他始终是在国民党的范围内思考问题，他的眼界始终不够宽。

这是两个方面的"未尽心"：一、不甚好读新书，知识不进步，专用力于诗辞；二、视野都限在国民党内，处处不能忘党，把自己当做是"党的守护神、孙中山的追随者"，永远都脱不出这个角色。这就是他"未尽心"的两个面相，当然还不只是这些，比如他经常闹意气，动不动就闹情绪，甩袖而去，前往欧洲。就是周德伟说的"感情冲动"，这也是他的软肋。

他的诗词却因有感情而得人喜欢。1938 年 4 月 13 日，陈克文在日记中说，"雨后新月，愈见皎洁，终日阴雨，不图于此时得月。诵汪先生双照楼之句，不禁重有感焉。"当时汪精卫还没有踏上不归路，在这样一个好天气，看见月亮，读他的诗词，不禁引起内心的共鸣。

1939 年 4 月 7 日，陈克文在日记抄了一首汪精卫的出雁门关诗：

> 残烽废垒对茫茫，塞草黄时鬓亦苍。
> 剩有一杯酬李牧，雁门关外渡重阳。

又抄下汪的落叶词。龙榆生也是在《中华日报》上读到这首词，内心产生共鸣，对汪的处境深为同情，跟他走的。不跟汪走的陈克文，到 1939 年明明知道汪已出走，还要在自己的日记中手抄落叶词，可见这词确实写得好，能打动人。他在当天的日记中如此议论：

"汪先生于十九年扩大会议失败后出雁门关，曾有一诗，读之苍凉动人。去年到河内发表艳电后又有落叶词，更为凄惋，吴稚晖比之李后主。政治家所重者为理性，感情用事鲜有不失败者。汪先生之诗词固为至性流露之杰构，亦足反映其平日治事偏于感情。日来颇有人批评汪先生之诗词，谓为亡国之音，做不得，不无多少道理存乎其间。"[25]

陈克文与周德伟对汪精卫的看法是一致的，"感情用事"对诗词是好事，对政治不是好事。

时光倒转，1936 年 12 月，西安事变之后，汪精卫还在法国居住，虽已辞去行政院院长，仍是国民党的核心人物，实际上是国民党中央委员会的两大领袖之一。他把顾维钧、郭泰祺、程天放等驻法、驻英、驻德的大使召来讨论，西安事变发生后该如何反应。等他们到时，汪已起草了一份声明。

顾维钧作为见多识广的外交家，从政的资历很深，民国元年就被唐绍仪从美国紧急召回做袁世凯的英文秘书。这位资深外交家对汪精卫的评价，与前面周德伟、陈克文的评论可以放在一起看：

"可是汪在声明稿中书生气十足，奢谈中国将一手遏制日本侵略，一手避开苏联，中国的命运完全能由自己掌握，走上统一、建设和发展的道路。这是理想的概念，不切实际。我们和他一再争论，最后虽然有些勉强，他还是同意了我们的看法，把他那些论点从声明中完全删去。"[26]

顾维钧对汪的评价是"书生气十足"，"不切实际"。跟周德伟他们所言差不多，都可以看出汪精卫"未尽心"的一面。从这些熟悉汪的人留下的私人回忆和日记里面，我们看见的是一个真实的汪精卫，一个活的、具体的生命。

汪精卫最重要的追随者之一周佛海，也在 1941 年 8 月 4 日的日记里，对汪精卫有很负面的评论："身为领袖，不知思想见解何以如此不周到也。"[27] 这是周佛海私下悄悄议论自己的顶头上司。他的议论和顾维钧完全一致，都是说他书生气十足、不切实际的意思。这也可以看作是他的"未尽心"。

汪精卫真的在政治上不够成熟。当他出走重庆之后，1939 年 4 月 30 日，陈克文在日记中抄下《国论周刊》对他的一篇评论时，认为这篇文章虽不免有偏见，"不过这一段确是把汪先生的文人气质说得十分深刻"：

他是一个十足道地的中国旧式文人，中国旧式文人有下举的一些毛病。一、常有一种捉摸不定的情感，歌哭无端，忧喜无常，尽管大家一团高兴，他可以忽然的不胜其"飘零"沦落之感。二、旧式文人照例有一种夸大狂，尽管所见的寻常而又寻常，但总自诩为有什么独得之秘，因此目无余子，可以把别人特别缩小，而把自己特别放大，因此小不如意，即往往不胜其悻悻之态。三、旧式文人是最不宜干政治的，却又最喜欢干政治，因为中国过去的政治，根本就是浪漫的，这最合于文人的脾胃。四、中国文学向例是不讲逻辑的，因此中国旧式文人便只有感想，有慷慨，有冲动，然而绝不长于思考，其感觉相当锐敏，因而经不起任何刺激。[28]

　　这是当时公开发表的言论，和顾维钧、周佛海他们不同时期的私下评价是吻合的。7月11日，汪精卫与日本军人相互恭维的消息传来，特别是日本第一次正式说他的好话，陈克文在日记中说："中华民族到了今日竟还有如此的文人，这民族真是有些不可救药了。不过我始终相信他无论如何决不能成什么大事的。"[29]

　　这些评论都认为汪精卫终究只是一个文人，有太浓的文人色彩，这也是他"未尽心"的真正原因。他把太多时间花在诗辞上，没有精力或兴趣去追求新的知识、新的思想。他的思想仍然停留在20世纪初在日本留学的那个阶段。他对政治的理解是肤浅的："余追随孙先生几十年，曾为党效死命"，他总是强调"效死命"，认为自己连死都不怕。这即是胡适早已指出的"烈士情结"，也就是他老是想着把自己劈成柴。

　　还有一篇日本人写的文章，将汪精卫比作"蚯蚓"。1939年8月18日，陈克文读到《时代精神》月报翻译的日本人吉冈文六写的文章："汪精卫的性质实在是柔软，他的声音好像猫一样娇嫩，写的字正像女人的字。……"[30]

"极柔和而女性的男子"，像蚯蚓一样，这是日本人对和他们合作的中国政治领袖的评价。这些评价涉及到了汪精卫的性格层面，进入到了个体生命的内部。透过这些或公开或私下的材料，我们不难看到他的性格特征——

第一个就是冲动。也是在 1939 年 8 月 18 日，陈克文在《时代精神》月报读到郑学稼对汪精卫的评论，认为感情的成分比较稀少，可算是一篇公平的批评："过去值得称赞的行动是冲动，现在的从贼卖国也是一种冲动。"[31] 当年他冲冠一怒要去北京刺杀摄政王，如今也是一冲动就要与日本人谈和，好的也是冲动，坏的也是冲动，这对他性格的理解蛮有见地。

第二个特点就是与人不能合作。只有他，没有别人。要么你做他的手下，不能做同事。绝不做配角，只想做主角。1939 年 7 月 10 日，陈克文在日记中议论了他过去与国民党的其他领袖不能合作，与冯玉祥、阎锡山不能合作，他和日本及汉奸首领又怎么可能合作。8 月 15 日，又在日记中为他惜："昔日的汪精卫对于本国的军人往往不肯忍受半点闲气，对于国民党的老同志，苟有意气的争执，无不拂袖而起，悻悻而去。过去十数年的离合纠纷，原因大都为此。"[32] 难道他对日本人就能做到俯首帖耳？就能不拂袖而去吗？汪精卫的痛苦，不仅是时代带来的，政治带来的，还有他个人的性格带来的。周佛海在 1941 年 8 月 13 日的日记中也讲到："感觉汪先生常使人为恶人，而自则从中取好……"[33] 这句话就是讲汪精卫这个领袖不好，让周佛海他们去做恶人，自己做好人。这是他不能与人合作，连自己亲密部下都不够信任的一个表现。

第三个特点是不知人。1940 年 1 月 24 日，陈克文日记说，"汪生平大毛病之一便是不知人：周佛海、陶希圣等都是反复无耻的著名人物，汪竟用他们做干部，听他们的话，又焉得而不被卖。"[34] 陶希圣很快就反叛了，周佛海则不断地在日记里私下议论他，对他表示不满。可见陈克文对周、陶等人都是了解的。1940 年 3 月 31 日，汪精卫在南京建立政府的次日，陈克文听到关于陈公博被陈璧君裹挟，汤澄波去上海参加他们的活动，完全抱着浑水摸鱼、乘机发财的心理。"这些均可说明，汪之所以得这一班无耻之徒的拥护，全出于利用人类的弱点。"[35] 难道汪精卫对此一无所知吗？当然也不是。汪对这一班人也十分不满。他曾做过两首诗——

读史
窃油灯鼠贪无止，饱血帷蚊众不飞。
千古殉财如一辙，燃脐还羡董公肥。

杂诗
非俭不能仁，非廉不能明。
政事亦如此，感慨泪纵横。

他把自己手下的人看做是蚊子、老鼠，但是他找不到忠诚的人，找不到有见识而又人品端正的人来追随他，因为他不知人。他没有办法来建立起那样的一支团队。他也知道，"俭"是好的，"廉"是好的，但是他没有办法。但他只能看着他在南京建立的这个政权成为一个烂摊子。

早在1939年12月6日，陈克文日记就提到"汪左右绝无人材"，在北平先投靠日本建立合作政府的王克敏曾问汪，将来组织政府是些什么人物。汪报出了梅思平、周佛海等人的名字。王克敏说这些人的姓名都没有听说过。"汪为之默然良久。"陈克文感叹说："可怜的汪圣人！不论你的动机如何，你决不会有成功的一日了！"[36]

他身边无人真正存心做事，都是奔着利益而来的浑水摸鱼之辈，决不会有半点为国家民族打算的。他的诗中想到老鼠、蚊子，一批老鼠蚊子围着他窜来窜去，他的"曲线救国"事业可想而知。

1941年8月10日，周佛海在日记中议论："闻汪先生所述意见，多有不妥当者，如以心叔为海军部长，士群为铁道部长之类。身为领袖，不知思想见解何以如此不周到也。"[37]那天开会的时候，汪精卫提出海军部长、铁道部长的人选，周佛海认为他完全不知人也。所以他只能踽踽独行，只能孤苦伶仃，只能顾影自怜了。

落落一人而已

1940 年，汪精卫填了一阕《虞美人》：

秋来凋尽青山色，我亦添白头，独行踽踽路堪悲，况是天荆地棘作何归。闭门不做登高计，也揽茱萸泣，谁云壮士不生还，看取涛声阴影满人间。

同一年又有：《迈陂塘　二十九年十一月一日晚饭时家人忽以杯酒相属问之始知为五年前余为贼所斫不死而设也因赋此词》：

　　叹等闲。春秋换了。镫前双鬓非故。艰难留得余生在。才识余生更苦。休重溯。算刻骨伤痕。未是伤心处。酒阑尔汝。问搔首长吁。支颐默坐。家国竟何补。
　　鸿飞意。岂有金丸能惧。翛翛犹剩毛羽。誓穷心力回天地。未觉道途修阻。君试数，有多少故人，血作江流去。中庭踽踽，听残叶枝头。霜风独战。犹似唤邪许。

"叹等闲。春秋换了。"他感叹自己的"中庭踽踽"，跟前面的"独行踽踽"相呼应。这两首词都被收入了当时的大学国文教科书。1941 年后，他写过一首诗《题画》：

负山于背重千钧，足趾沾泥衣着尘。

跋涉艰难君莫叹，独行踽踽又何人？

在他的诗词中，"独行踽踽"出现的频率竟如此之高。他总觉得自己是一个人，只剩下一个人了，特别的孤立。

他写给妻子的《水调歌头·辛巳中秋寄冰如》：

一片旧时月。流影入中庭。问天于世何意。岁岁眼常青。天上琼楼皎洁。人世金瓯残缺。两两苦相形。拂衣舍之去。欹枕听长更。

饮孤光。似冰雪。夜冷冷。银河清浅。怎载得如许飘萍。鸿雁北来还去。乌鹊南飞又止。无处不零丁。何辞千里远。共此一窗明。

他在这些诗词中总是叹孤苦伶仃。贵为石头城上头号人物，却处处说自己踽踽独行。这却是那个时候他真实的内心世界。再读他的《题杨椒山先生手书诗卷》：

缠绵忠爱何时毕，万劫难灰一寸心。

化作松筠庵畔月，孤光长照后来人。

看，"孤光长照后来人"。前面《水调歌头》中有"孤光"，这里又有"孤光"。这是 1942 年 12 月 15 日发表的诗。他不断重述"孤光"、"踽踽独行"。这些诗词，呈现的正是他生命深处的那种孤独处境，以及他的文人气质，围绕他身边的只有一些二三流的角色、病态的文人。确实无人能真正理解他，连他的妻子也无法理解他内心的痛苦。他认为自己是寒梅、秋菊、竹子，是一片冰心在玉壶。他一生的功名事业可以说是失败的，这一切只有在他的诗词当中传达出来，那是他内心最凄楚也是最真实、最有血肉的一面。

在民国的政治舞台上，他是多少人心目中曾经的大人物，最后却落入了如此的凄凉，整个生命几乎弥漫着一种凄凉的氛围。他的内心是孤独的，所以他在诗词中不断流露这种孤独与凄凉。

我们再来读他的《百字令·春暮郊行》：

> 茫茫原野，正春深夏浅，芳菲满目。蓄得新亭千斛泪，不向风前枨触。渲碧波恬，浮青峰软，烟雨皆清淑。渔樵如画，天真只在茅屋。
>
> 堪叹古往今来，无穷人事，幻此沧桑局。得似大江流日夜，波浪重重相逐。劫后残灰，战余弃骨，一例青青覆。鹃啼血尽，花开还照空谷。

这种孤独和凄凉是他自己的。胡兰成的回忆录《今生今世》用"渔樵闲话"的题目来回忆抗战岁月，听起来好像是清风朗月，轻松如许，在《双照楼诗词稿》中，这首《百字令》也是"渔樵如画，天真只在茅屋"，上阕写得轻轻松松，春风夏景，但是到了下阕，却是"劫后残灰，战余弃骨"，"花开还照空谷"。"渔樵闲话"的背后却是泪是血，是杜鹃啼尽热血。渔樵闲话，并不是真正的渔樵闲话，如同渔樵如画也不是真正的渔樵如画，因为对应的是"鹃啼血尽"，诗的后面才是真正的历史和人生。有时候用诗来解史，比其他史料更有力量，其中有情感，有体验。光有史料，有周佛海的日记、陈公博的回忆、胡兰成的回忆，能否解开汪精卫晚年心路？解不开。那都是外面的，只有透过他自己的诗词，才有可能走进他真实的内心，触摸他晚年的心路，解开他生命的密码。

1941 年 6 月 14 日，他去日本的途中，想起已故的方君瑛、曾仲鸣，悲从中来，写下这首《六月十四日为方君瑛妹忌辰舟中独坐怆然于怀并念曾仲鸣弟》：

> 又向天涯滕此身，飞来明月果何因？

孤悬破碎山河影，苦照萧条羁旅人。

南去北来如梦梦，生离死别太频频。

年年此泪真无用，路远难回墓草春。

山河已经破碎，书生的泪无用，生离死别太多了，留下的是萧条，是墓草，是怆然涕下。他的诗中，已经没有欢欣，没有安慰，没有未来，没有盼望。

从少年到花甲，汪精卫的《六十生日口占》诗中同样充满凄凉——

六十年无一事成，不须悲慨不须惊；

尚存一息人间世，种种还如今日生。

那一刻他知道已无路可走，只有一个人独自面对不可预测的未来。当他六十生日的时候，他的诗中不再有当年"不负少年头"的豪气，也没有一丝的喜悦、得意和骄傲，有的只是悲慨和凄凉。贵为南京的头号人物，他的笔下，流露的完全是一个旧式文人的情怀与寄托。这与他在现实中的处境相关，1942 年 1 月 16 日他与日本大使重光葵会谈时，曾说过这样一番话："最所希望者，就是在世界大战结束之前，能使日中事变得到解决，回想起来，时至今日，还没有能达成这一志向，真是遗憾。自己是想完成一种所谓消防人员的作用，所以才跳出来的，但是没有能发挥消防的功效，火势反而更加旺盛了起来，这是不胜惭愧之至的事情。"他在诗中流露的也常常是这样一种惭愧之情。

1943 年 3 月 26 日，他离开广州时，写下了《三月二十六日别广州飞机中作此寄恂儿》，这是给女儿的一首诗：

秦淮绿柳未抽芽，南海红棉已著花。

四野春光融作水，千山朝气蔚成霞。

老牛含笑看新犊，雏鸟多情哺倦鸦。

乍喜相逢还惜别，却愁风雨阻行槎。

本来这首诗一直都很欢快，很平和，可是到最后还是"却愁风雨"，他的内心依然笼罩在那个时代的悲凉氛围里面。哪怕是儿女情长也难以逃避那种风愁雨愁，他最后的生命状态就是脱不开的孤独，挥不去的凄凉。他最后的人生和政治生涯，留给我们的是难以言传的内心伤痛。

但是我们看他留下的遗嘱，在他生命的最后时刻，他的一些思考还是相当有分量。

中国自乙未革命失败，迄今五十年，抗战军兴，亦已七载，不论国家前途演变如何，我同志当知党必统一国不可分之主张，不可逞私煽动分裂。其在军人天职，抗战为生存，求和尤应有国家观念，不得拥兵自重，骑墙观变。对于日本，将来亦当使其明了中国抵抗，出于被侵略者之自卫，并无征服者之心。对于渝方，当使其了解和运发生、演化至今，亦不失其自信及自重。将来战后两国能否有自动提携，互利互赖，仍有赖于日本民族之彻底觉悟，及我政府对日之宽大政策。

这最后一番话，传递的是他的盼望。首先是希望部下将来不要拥兵自重，不要分裂国民党，要有国家观念。这番叮嘱一年后即成了现实。日本投降时，南京还拥有 60 万大军，没有发一枪一弹，乖乖降服了，我觉得这与汪精卫、陈公博这些人的态度有十分重要的关系。他们没有想过拥兵自重，虽然当时他们在江浙沪，长江三角洲也即中国最繁华的地方还在他们手里。陈公博《八年来的回忆》也强调"党不可分，国必统一"是他的最大原则。1945 年 8 月 16 日早上，陈公博、周佛海他们就宣布解散南京政府，发布宣言，要求各将领以统一为重，不得有轨外行为，更不得意图割据。这和汪精卫遗嘱中表达的意思是一致的。

他的遗嘱中还有一句关键的话："而中国局面之收拾，则诚为不易，战后大难，更有甚战争之破坏……"这是他作为政治人物的见识。中日战后将遭遇更为严重的大难。我想到了1937年他在汉口召集旧日国民党改组同志会中央负责同志及各省负责同志的时候，和周德伟之间的对话，当时讲到了共产党问题，这就是战后的"大难"，这个问题他那时就想明白了，他之所以要走出这步险棋，将自己陷入绝境，也跟他对战后的预判有关系。他认为真正的灾难是共产党而不是日本，所以他宁愿和日本合作，也不期望共产党获胜。这件事他在1937年就讲清楚了。

周德伟曾在1930年担任过国民党湖南改组委员会的书记，是汪精卫领导的改组派骨干。会议结束时，汪精卫留下谷正鼎和周德伟两个人，说了下面这番话："今全面战争爆发，必须改革政治，各方放弃私图，作十年之打算，尽最大之忍耐，国际形势必有变化，不致让日本独吞中国及远东。若均如正纲等之随声附和，撷拾流行口号以自炫，行见国民党之政权不数年即将让渡于共产党，此乃余之大虑。"

周说："汪先生何必仅言国民党之政权，易为民族生命即将断送，岂不更显阔大？"

汪答："余随孙先生从事国民革命数十年，梦寐不能忘党，究不如周同志新自海外归来，头脑灵活也……"[37]

同样的话，他在不同的时候都有过表达，就是忘不了国民党的政权，令他耿耿于怀的是国民党的政权，用不了多久就将让渡给共产党，"此乃余之大虑"。

1937年3月3日，在西安事变之后，黄埔系重要将领陈诚上午去见蒋介石，蒋认为："对匪则视国际及国内变化如何而定，因今后匪不足为患，而大患在军阀。""匪"指的是中共，"军阀"是指刘湘、李宗仁、白崇禧这些人。所以蒋交代他拟军事部署，在汉中、宜昌、施南、沅陵布置重兵。当天下午，他去见汪精卫，汪的想法就与蒋完全不同：

"对于赤匪极力主张肃清，并谓第三国际指赤匪之四点极堪注意：

一、服从中央推动抗日。

二、占领临潼、宝鸡以北地区，树立基础。

三、尽力分化国民党，使其成为容共、剿共二派。

四、待机发动推翻国民党之统治。"[38]

汪精卫之所以走上与日本合作的路，不能忽略他的这一忧虑和他的主张。

从 1937 年再往前，1933 年，顾孟余电告时在欧洲的汪精卫："公宜居国外，以待形势之变化，并多接纳留学生主办刊物，主张抗日反共，反对军人主政及独裁政制，尊崇法治！"

另有密函给汪："此一形势不待二年即可成熟，公返国组府后即宣布定期实施宪政，团结全国人心，一切行政及地域分配大公无私，各方必可响应。"

汪精卫愿意接受顾孟余的谋划，但陈璧君不愿在欧洲苦等，她说："若依顾孟余之计画，待蒋军溃败，则共产党或已先吾辈取得政权，不如从速返国应变。"

妻子的话对他有太大影响力，这个时候他对妻子的感情至少已从爱到敬了，所以他就听了妻子的话，3 月 17 日到上海，29 日销假，继续担任行政院长。[39] 他的许多选择，都是怕共产党先得了江山，这个心理还可以一直往前推。

这样，我们就可以理解，1937 年 7 月庐山谈话会的时候，汪精卫私下对周德伟说的话："中国真将亡国，国民党之政权必迅即为共产党取代。故共产党之为祸，更甚于日本。余不忍孙先生之事业毁于一旦，故余宁跳火坑以救国，盱衡国际形势，英美各强国终不能让日本征服中国，独霸远东。……今日国际形势，数年后当有大变，此即吾人反攻之时也。"[40]

1937年他就说国民党要为共产党取代，认为"共产党之为祸更甚于日本"。

1937年离1949年的政权更迭还有十二年，汪精卫有先见之明，他知道这样下去，国民党政权一定会被共产党取代。苏雪林回忆，"自从西安事变之后共产党势力日长夜大，出了无数小册子替他们宣传，所以抗战爆发前夕汪精卫来武汉，在市上买这种刊物，一买便买了六百多种，他大为惊骇，知道今日之域中，将成为共产党之天下，遂不惜牺牲他以前的宝贵名誉，投靠日阀，成立伪组织。"[41]苏雪林记忆的时间可能有误，这事应是在抗战爆发后，1938年1月24日，王世杰在日记中记着："近日中央鉴于'人民阵线'分子与共产党之宣传日烈，亟思设法对抗。今日下午由汪精卫先生约集多人商组'艺文编译会'，并已由蒋先生允拨月四万元。主持之人已经蒋、汪预定陶希圣、周佛海。"到2月6日，王世杰日记又提及此事："近来'人民阵线'分子及共产党之活动，颇使蒋先生不满。汪先生尤为愤恨。因此，蒋、汪一面拟由中央组织一种'艺文编译会'，纠合党内外人士，与共产党作对抗的宣传，一面，蒋先生仍拟促共产党并入国民党。"可见汪的"尤为愤恨"给王很深印象。3月3日，蒋、汪嘱周、陶组织"艺文研究会"（就是原定的"艺文编译会"），自办刊物，并津贴各处意见相同的刊物。这与主持国民党中宣部的邵力子意见不同，邵倾向于联络共产分子。当天，在汪组织的茶会话会上，邵与陶等争执颇烈。[42]周佛海为"艺文研究会"的总务总干事，陶希圣为研究总干事。在国民党临时全国代表大会期间，汪精卫还对陶说，"你们艺文研究会的缘起很好"。[43]

3月26日王世杰日记又提及："近来中央方面，接到许多密告，均谓共产党暗中仍在继续宣传反抗本党，及其他阴谋。并搜集共党在其延安所办大学中之林彪等讲稿，稿内详述如何分化本党与使本党孤立之法，并称彼等主张抗日，只是一种口号。今日汪先生在国防会议中郑重提出报告。"[44] 在这一问题上，汪精卫确比蒋介石更为敏感。

汪精卫之所以宁愿"跳火坑"，怕共产党取得江山，就是其中一个重要原因。他自重庆出走之后，致电给原来的部属彭学沛，就说自己的离开，"系因中央不愿考虑议和，且本党有进一步容共之趋向。"[45] 当年 12 月 29 日，他发出著名的"艳电"即强调了"防共"的目的。1939 年 1 月 30 日，他说得更清楚，中日之战拖得愈久，"中国国民愈穷，财愈尽，共产党人愈有凭借。"[46]

这样的想法也并非他一个人有。1937 年 10 月 7 日，周佛海日记记着，萧铮、叶溯中和他谈话，都认为战争这样打下去，"非为中国打，实为俄打；非为国民党打，实为共产党打也。"[47] 这一判断是和汪是一致的。

1939 年 1 月 3 日，汪精卫出走之后，罗君强在重庆对陈克文说，自己对汪的提议"甚表赞同"，"照现在的情形抗战下去，愈战中国愈弱，共产党则愈形得势，愈见发展，要防止共产党的祸害，非早日和日本讲和不可。"[48] 罗君强跟了汪，与自身因男女关系受蒋介石责罚有关，但不能说与他的这一判断无关。

他们那么早就认定，这场和日本人的战争这么打下去，就是把自己的力量消耗了，等于为共产党打江山。历史就是如此诡谲，汪精卫最后成为一个悲剧人物，孤独人物，但不能说他的每一步判断都是错的。

1941 年 6 月 23 日，他从日本宫崎滔天的夫人那里看到《民报》时代的一张合影，当时正是革命党在萍乡醴陵起事失败后，他和黄兴将到广州再谋举事前一天，照片中共有七人，有他、黄兴、章太炎、林时塽等。他万感交集，填了一阕《金缕曲》：

> 小聚秋声里。近黄昏篱花摇暝。庭柯雕翠。残叶辞枝良未忍。耿耿护林心事。正呜咽风萧易水。三十六年真电掣。剩画图相对浑如寐。谁与揽。澄清辔。

故人各了平生志。早一坏黄花岳麓，心魂相倚。为问当时存者几。落落一人而已。又华发星星如此。剩水残山嗟满目。便相逢勿下新亭泪，为投笔。歌断指。

转眼三十六年，黄兴不在了，章太炎不在了，照片中一起革命的故人都不在了，七个人只剩下他一个。也同样传递了他那一刻"落落一人而已"的处境。他的孤独不是一般的孤独，是极致的孤独。

1943年10月7日是重阳节，他在南京登北极阁，读元遗山的词，至"故国江山如画，醉来忘却兴亡"，悲从中来，填了一阙《朝中措》：

城楼百尺倚空苍，雁背正低翔。满地萧萧落叶，黄花留住斜阳。

阑干拍遍，心头块垒，眼底风光。为问青山绿水，能经几度兴亡？

此时，他已没有什么好心情了，大雁，落叶，黄花，斜阳，都让他想到兴亡的无情，历史的残酷。如果说他的遗嘱中更多的还是一种理性的评判，那么在他的诗词中传递的却是感性的也是更深层的痛苦。

我们反复读他晚年的诗词，感受到的不是一个领袖、一个革命家的慷慨悲歌，而是一个文人不断的低回咏叹。他确实是一个文人，一个诗人，骨子里不是一个政治家。但在年轻时代他却成了烈士，又从烈士成为了背负千古骂名的汉奸。这样一个人，一定是复杂的，一定不是平面的，一定不是简单化的。我们可以在他身上看见那个时代，看见中国的过去，一个文人在转型时代通过革命变成政治领袖，面对时代大变动的内心苦痛。

汪精卫是不适合做政治家的，但他不幸而成了政治领袖。他在这条路上有极大的痛苦和纠结，他在政治中不断沉浮，但他又离不开政治，因为他自认为跟随孙文，要终生为国民党效死命，所以他无法离开，但是他又没有跟上现代的步伐去更新自己的政治知识，尽心去学习，而把更多时间放在了旧诗词写作上，与他交往的朋友中有很多的文人，包括我们所熟悉的龙榆生、胡适之、徐志摩这些人，实际上他更倾向于成为诗人。他在那个时代的处境和命运，在某种意义上，也是由他的性格造成的，由他的骨子里的喜好造成的。周德伟、陈克文等人对他的评判是正确的。

他是一个丰富的人，一个复杂的人，一个充满了争议的人，也是一个悲剧的人。他的生命就是一个悲剧。那个时代也是一个悲剧，不幸而被他言中了。在他身后不过五年，国民党的政权就转移到共产党的手中。历史展开的每一个面向都是复杂的，但是汪精卫想达到的救国目标失败了，他跳进了火坑，也未能拯救这个国族。

汪精卫过去了，又还没有过去，这不仅是他这个个体的命运，也是20世纪中国的命运。也许只有在他的《双照楼诗词稿》中才能真正读懂这个人，摸到他最后的心路。他的诗当然远比我所说的更加丰富。我只是站在历史的角度，用历史的材料来处理，不是文学的欣赏，而是历史的探究，主要是为了寻求历史的真相。

2014 年 10 月讲，根据录音整理

注：

1、《徐志摩未刊日记》，北京图书馆出版社 2003 年，159 页。

2、周德伟《落笔惊风雨：我的一生与国民党的点滴》，远流出版事业顾问有限公司 2011 年，166、193、166、277 页。

3、《徐志摩未刊日记》，159 页。

4、朱子家《汪政权的开场与收场》中册，风云时代出版股份有限公司 2014 年，214 页。

5、《周佛海日记全编》上，中国文联出版社 2003 年，272 页。

6、转引自【英】芮纳米德著、林添贵译《被遗忘的盟友》，远见天下文化出版股份有限公司 2014 年，340 页。

7、《落笔惊风雨：我的一生与国民党的点滴》，356、193 页。

8、张晖编著《龙榆生先生年谱》，学林出版社 2001 年，97 页。

9、《朱自清全集》10，江苏教育出版社 1998 年，67 页。

10、陈克文《忆陈璧君与陈春圃》，《陈克文日记》下册，1448 页。

11、《陈克文日记》上册，752 页。

12、《王世杰日记》上册，87 页。

13、陈立夫《成败之鉴：陈立夫回忆录》，正中书局 1994 年，221 页。

14、《龚德柏回忆录》下册，龙文出版社股份有限公司 2001 年，508-509 页。

15、《陈克文日记》上册，209 页。

16、《陈克文日记》上册，401—402 页。

17、《陈克文日记》上册，33 页。

18、《成败之鉴：陈立夫回忆录》，220 页。

19、朱子家《汪政权的开场与收场》中册，31 页。

20、《陈克文日记》上册，573 页。

21、《汪政权的开场与收场》中册，397 页。

22、《陈克文日记》上册，394 页。

23、《落笔惊风雨：我的一生与国民党的点滴》，191 页。

24、《落笔惊风雨：我的一生与国民党的点滴》，357 页。

25、《陈克文日记》上册，395 页。

26、《顾维钧回忆录》2，中华书局 1985 年，373—374 页。

27、《周佛海日记全编》上册，503 页。

28、《陈克文日记》上册，408 页。

29、《陈克文日记》上册，449 页。

30、《陈克文日记》上册，469 页。

31、《陈克文日记》上册，468 页。

31、《陈克文日记》上册，467 页。

32、《周佛海日记全编》，504 页。

33、《陈克文日记》上册，542 页。

34、《陈克文日记》上册，573 页。

35、《陈克文日记》上册，514-515 页。

36、《周佛海日记全编》，503 页。

37、《落笔惊风雨》，445 页。

38、《落笔惊风雨》，364-365 页。

39、《陈诚日记日记（一）》，国史馆、中央研究院近代史研究所 2015 年，121—122 页。

40、《落笔惊风雨》，357 页。

41、《苏雪林自传》，江苏文艺出版社 1996 年，120—121 页。

42、林美莉编辑校订《王世杰日记》上册，中央研究院近代史研究所 2013 年，85、89、97 页。

43、《陶希圣年表》未刊稿，范泓先生提供。

44、《王世杰日记》上册，103 页。

45、《王世杰日记》上册，167 页。

46、汪精卫《答问》，转引自李志毓《惊弦：汪精卫的政治生涯》，香港牛津大学出版社 2014 年，177 页。

47、《周佛海日记全编》上，79 页。

48、《陈克文日记》上册，345 页。

后记

　　《在东京重造中国》，这个题目最初在我心中浮出来，是在
2023年10月。也就从那个月开始，我应邀在早稻田的"东京人
文讲坛"开始"在东京重造中国"系列讲座，到2024年10月，
断断续续讲了八讲，以人物为中心，除了开场的第一讲，先后讲
过秋瑾、宋教仁、蔡锷、黄兴、梁启超、鲁迅、汪精卫。每次去
早稻田总是想起宋教仁，他曾就读于早稻田大学预科，也是"在
东京重造中国"的中心人物。

　　2024年1月，我初步选定了十来个人物，并答应给国内一家
杂志每月写一篇。其实，这些历史人物都是我所熟悉的，也是以
前写过的，要避免重复，写出新意来，确乎很难。这次我选择的
是东京视角，围绕他们在东京的岁月展开，而不是完整地讲述他
们的生平。但最终我没有完全按照这个思路做，写着写着，想换
一种写法，从2024年8月下旬动笔，我写了一篇五万字的长文
《在东京重造中国》，此前已完成的人物系列则放在后面，两者之
间可以相互呼应。附录的两文则是十多年前的讲座记录稿，从未
结集过，与本书主题也相关，正好收入其中。

著书的事业冷暖自知。这又是我无心插柳完成的一本小书，却也是诚实地面对历史的一本书。这本小册子保留了过去一年多在东京的许多记忆，感谢帮我翻译日文史料的李雪，感谢邀请我做这个系列讲座的伍雷君和热情的听众们，特别感谢大吕，书中的图片都是他翻拍的，他还为这些讲座留下了宝贵的影像资料。

2025 年 2 月 20 日东京郊外

壹嘉 · 読道书系

联合出版

www.ingramcontent.com/pod-product-compliance
Lightning Source LLC
Chambersburg PA
CBHW021714120626
46545CB00004B/1548